MANUAL DO TRABALHO DOMÉSTICO

✓ Com as alterações impostas pela Lei n. 11.324/06
✓ Análise do art. 7º da CF e Legislação correlata
✓ Doutrina, Legislação, Jurisprudência e Prática

MAGNO LUIZ BARBOSA

Doutorando em Direito das Relações Sociais pela Pontifícia Universidade Católica de São Paulo — PUC/SP, mestre em Direito das Relações Econômico-Empresariais pela Universidade de Franca (2005) — UNIFRAN, especialista em Direito Civil (1999) e Direito Processual Civil (1998), pela Universidade Federal de Uberlândia — UFU, graduado em Direito no ano de 1997.
Sócio do Escritório Barbosa e Enéias Advogados Associados, professor de Direito do Trabalho e Direito Processual do Trabalho da Universidade Federal de Uberlândia — UFU e da União Educacional Minas Gerais S/C Ltda — Uniminas.

MANUAL DO TRABALHO DOMÉSTICO

✓ Com as alterações impostas pela Lei n. 11.324/06

✓ Análise do art. 7º da CF e Legislação correlata

✓ Doutrina, Legislação, Jurisprudência e Prática

Editora LTr
SÃO PAULO

Dados Internacionais de Catalogação na Publicação (CIP)
(Câmara Brasileira do Livro, SP, Brasil)

Barbosa, Magno Luiz
   Manual do trabalho doméstico / Magno Luiz Barbosa. — São Paulo : LTr, 2008.

   Bibliografia.
   ISBN 978-85-361-1227-5

   1. Empregados domésticos — Brasil 2. Empregados domésticos — Leis e legislação — Brasil I. Título.

08-07483   CDU-34:331:647.2(81)

Índice para catálogo sistemático:

1. Brasil : Empregados domésticos : Direito do trabalho   34:331:647.2(81)

Produção Gráfica e Editoração Eletrônica: **RLUX**

Capa: **FÁBIO GIGLIO**

Impressão: **HR GRÁFICA E EDITORA**

© Todos os direitos reservados

EDITORA LTDA.

Rua Apa, 165 — CEP 01201-904 — Fone (11) 3826-2788 — Fax (11) 3826-9180
São Paulo, SP — Brasil — www.ltr.com.br

Dedico este singelo trabalho a minha mãe, Izaura Luiz Barbosa, *que com muita luta criou seus dois filhos, e a minha irmã,* Meire Luiz Barbosa, *outra guerreira dos tempos modernos que luta diariamente para educar suas filhas.*

Agradeço a Deus a realização de mais este trabalho, à família, que é a base forte para enfrentarmos qualquer obstáculo, aos amigos que sempre contribuem nos calorosos debates jurídicos e aos meus alunos, que sem dúvida alguma são a mola propulsora para o desenvolvimento de novos trabalhos.

SUMÁRIO

Lista de abreviaturas	11
Apresentação	13
Prefácio — *Eversio Donizete de Oliveira*	15
Introdução	21
Capítulo I — Breves reflexões sobre a evolução do trabalho e da legislação trabalhista	23
1. Breves considerações	23
2. A evolução do trabalho e da legislação trabalhista no mundo	23
3. A evolução do trabalho e da legislação no Brasil	25
Capítulo II — Relação de emprego e os sujeitos do contrato individual de trabalho	27
1. Relação de emprego e relação de trabalho	27
2. Sujeitos da relação individual de trabalho	27
Capítulo III — O empregado doméstico e a evolução da legislação	29
1. Breve histórico até 1923	29
2. Legislação e o doméstico na Era Vargas	29
3. O advento da Lei n. 5.859/72	30
4. A Constituição Federal de 1988 e os direitos reservados aos domésticos	32
Capítulo IV — Análise ao art. 7º da Constituição Federal de 1988 e as garantias constitucionais efetivamente reservadas aos trabalhadores domésticos	33
1. Direito à integração à Previdência Social	63
Capítulo V — As alterações impostas pela Lei n. 11.324/06 à categoria dos domésticos	65
1. Descontos no salário	65
2. Férias	68
3. Garantia de emprego à doméstica gestante	72
4. Repouso semanal remunerado e feriados nacionais civis e religiosos	74

Capítulo VI — Outros direitos e peculiaridades do empregado doméstico 76
1. Carteira de Trabalho e Previdência Social — CTPS 76
2. Contrato de experiência 78
3. Demissão 79
4. Diferença entre diarista e empregada doméstica 80
5. Documentos necessários para contratação do doméstico 82
6. Jovens no trabalho doméstico 82

Conclusão 83

Bibliografia 85

Anexos 89

Modelo do contrato de trabalho encontrado na CTPS e instruções para preenchimento 89
Modelo de contrato de experiência 91
Modelo de termo de prorrogação de contrato de experiência 92
Modelo de recibo de salário 92
Modelo da Guia da Previdência Social — GPS 93
Modelo de recibo de entrega de vale-transporte 94
Modelo de recibo de férias 94
Modelos de aviso prévio 95
Modelo de Termo de Rescisão de Contrato de Trabalho — TRCT 96
Modelo de TRCT definido pela Portaria n. 302/2002, a ser utilizado como recibo de quitação das verbas rescisórias e para o saque de FGTS 97
Modelo de reclamatória trabalhista doméstico 99
Modelo de contestação trabalhista doméstico 101
Relação de documentos solicitados pela Previdência Social para requerimento de *aposentadoria por idade* do empregado doméstico 104
Relação de documentos solicitados pela Previdência Social para requerimento de *auxílio-doença* ou *aposentadoria por invalidez* do empregado doméstico 106
Relação de documentos solicitados pela Previdência Social para requerimento de *aposentadoria por tempo de contribuição* do empregado doméstico 107
Legislação concernente ao doméstico 109
Lei n. 5.859, de 11 de dezembro de 1972 109
Decreto n. 71.885, de 09 de março de 1973 111
Lei n. 7.195, de 12 de junho de 1984 113
Decreto n. 3.361, de 10 de fevereiro de 2000 114
Lei Complementar n. 103, de 14 de julho de 2000 115
Lei n. 10.208, de 23 de março de 2001 116
Lei n. 11.324, de 19 de julho de 2006 117

LISTA DE ABREVIATURAS

ACT	—	Acordo Coletivo de Trabalho
CBO	—	Classificação Brasileira de Ocupações
CEI	—	Cadastro Específico do INSS
CF	—	Constituição Federal
CLT	—	Consolidação das Leis Trabalhistas
CPF	—	Cadastro de Pessoas Físicas
CTPS	—	Carteira de Trabalho e Previdência Social
CCT	—	Convenção Coletiva de Trabalho
DIEESE	—	Departamento Intersindical de Estatística e Estudos Socioeconômicos
DOU	—	Diário Oficial da União
ECA	—	Estatuto da Criança e do Adolescente
FGTS	—	Fundo de Garantia por Tempo de Serviço
GPS	—	Guia da Previdência Social
IBGE	—	Instituto Brasileiro de Geografia e Estatística
INSS	—	Instituto Nacional de Seguridade Social
MPS	—	Ministério da Previdência Social
MTE	—	Ministério do Trabalho e Emprego
NR	—	Norma Regulamentar
OGMO	—	Órgão Gestor de Mão-de-Obra
OIT	—	Organização Internacional do Trabalho
RR	—	Recurso de Revista
RSR	—	Repouso Semanal Remunerado
SAT	—	Seguro de Acidente de Trabalho
STF	—	Supremo Tribunal Federal
TRCT	—	Termo de Rescisão de Contrato de Trabalho
TRT	—	Tribunal Regional do Trabalho
TST	—	Tribunal Superior do Trabalho

APRESENTAÇÃO

Nos tempos em que o tema do momento é a flexibilização das normas trabalhistas, este estudo aborda uma categoria de trabalhadores que nem sequer tem todos os direitos trabalhistas garantidos em nossa Constituição Federal, a dos empregados domésticos.

Daí se observa a importância e, ao mesmo tempo, a dificuldade de explorar o assunto, visto as peculiaridades que norteiam essa categoria de trabalhadores.

Contudo, importante ressaltar que o objetivo principal deste estudo é possibilitar uma maior compreensão sobre a legislação dos empregados domésticos, principalmente em função das alterações advindas da Lei n. 11.324, de 19 de julho de 2006. Para tanto, será feito um estudo legislativo, doutrinário e jurisprudencial acerca do tema, com vistas a aguçar a reflexão em torno dessa categoria tão importante no contexto socioeconômico.

Nesse sentido, será demonstrada, de forma sucinta, a importância das relações entre empregado e empregador doméstico, objeto de acirradas discussões no meio jurídico.

Percebe-se que, hodiernamente, vários autores da seara trabalhista têm demonstrado grande preocupação com a questão da dignidade da pessoa humana, do valor social do trabalho e da supressão dos direitos trabalhistas, principalmente em função da globalização e do atual modelo de capitalismo substancialmente especulativo, que formam um cenário em que trabalhadores vêm, cada vez mais, perdendo direitos e ficando à mercê das grandes organizações empresariais.

Diante desse cenário mundial, mesmo as categorias de trabalhadores com representatividade não obtêm êxito na luta pelos seus direitos, o que se agrava consideravelmente quando se trata de categoria de trabalhadores como a dos domésticos, que, historicamente, nunca tiveram expressiva representatividade.

Destarte, espera-se que este manual possa também instigar o leitor a refletir sobre a questão da luta dos trabalhadores por seus direitos, e de quanto ainda será preciso evoluir para que se alcance uma sociedade mais justa.

O Autor.

PREFÁCIO

Emoção e gratidão foi o que senti no momento do convite para prefaciar o livro *Manual do trabalho doméstico*, do ilustre professor *Magno Luiz Barbosa*, advogado militante na área de Direito do Trabalho, pelo qual, ao longo dos anos, pude aprofundar o respeito e a admiração. Companheiro leal, advogado combativo e amigo, honrou-me com a tarefa de prefaciar o trabalho contido nesta obra de tamanha importância em nosso ordenamento jurídico.

O perfil do trabalho apresentado pelo ilustre professor demonstra uma espécie de guia de conduta para os intérpretes do Direito; em contrapartida, coloca-se bem mais do ponto de vista dos cidadãos. Talvez se pudesse dizer como satisfação das necessidades do trabalhador doméstico, afinal de contas, o destino final do trabalho parece predominar sobre a justiça social.

Jus suum unicuique tribue.[1] Este foi o sentido que descreveu o autor ao relatar, em seu primeiro capítulo, as breves reflexões sobre a evolução do trabalho e da legislação do trabalho. O que se verifica é que é cada vez maior a importância de que se reveste o trabalhador, e isso significa que existem leis que vigoram independentemente da vontade e dos interesses dos homens.

A história embasa-se nas normas que regem a sociedade, e os acontecimentos no mundo foram os pontos basilares para as regulamentações das leis trabalhistas. O professor *Magno* elucida, com muito saber, a evolução do trabalho e da legislação trabalhista, com colóquio sobre o comportamento social e as variações das sociedades no transcorrer dos tempos, apresentando como marco inicial o trabalho escravo.

O segundo capítulo constitui, em certo sentido, a medula fundamental do estudo até aqui apresentado. O autor faz uma distinção de grande importância para o leitor ao separar as palavras emprego e trabalho, destacando que a primeira é espécie da segunda. Tais palavras sempre tiveram e terão um significado primordial para a formulação dos importantes problemas a serem inferidos pelos intérpretes do Direito; com isso, tais diferenças facilitarão as distinções para o empregador e o empregado.

---

(1) Dá a cada um aquilo a que tem direito.

Inúmeros projetos de lei foram apresentados, objetivando regular a situação dos empregados domésticos ou conceder-lhes direitos. É apresentada, no capítulo terceiro, uma breve história sobre o empregado doméstico e a evolução da legislação.

Mais do que isso, além de o trabalhador doméstico precisar de uma lei que resguardasse seus direitos, foi necessária a elaboração jurisprudencial em muitos casos para solução dos problemas, na maioria das vezes com felicidade. E, desta sorte, algumas vacilações ocorreram, e ainda existem, reclamando normas específicas ao regime peculiar do trabalhador doméstico.

Como bem demonstrado pelo autor, a não-aplicação, de fato, de qualquer regulação para o trabalhador doméstico teve fim com a Lei n. 5.859, de 11 de dezembro de 1972, que define já no art. 1º como empregado doméstico aquele que presta "serviços de natureza contínua e de finalidade não lucrativa", ficando objetivado que o trabalhador doméstico prestará o trabalho onde quer que se desenvolva a vida familiar: na residência, em casa de veraneio, sítio de recreio.

O trabalho é, antes de tudo, um processo de democratização, *legis menti magis est attendenda, quam verbis*[2]; destarte, o professor *Magno* aborda sistematicamente bem sobre a Carta Magna de 1988 os direitos reservados aos domésticos, culminando, em suas palavras, os direitos e as garantias do trabalhador como direitos humanos fundamentais.

O direito fundamental do trabalhador doméstico fica transparente na leitura do capítulo quarto, no tocante à integração à previdência social — "Análise ao art. 7º da Constituição Federal de 1988 e as garantias constitucionais efetivamente reservadas aos trabalhadores domésticos". O critério adotado na exposição do capítulo quarto permite que o leitor compreenda facilmente as escritas do professor *Magno*.

É possível que nenhuma outra categoria profissional experimente mais de perto a presença do empregador, sua fiscalização, seu comando técnico e hierárquico, do que a categoria do empregado doméstico.

O professor *Magno Luiz Barbosa* expõe com magnitude o capítulo quinto, sobre as alterações impostas pela Lei n. 11.324/06 à categoria dos domésticos, dando uma conotação às mudanças na Lei n. 5.859/72, que acrescentou o art. 2-A, com dois parágrafos, deu nova redação ao art. 3º e acrescentou o art. 4-A.

Assim, ao pé da letra do texto, ocorreram novas mudanças nos ditames legais referentes ao trabalhador doméstico; sem dúvida, essa aplicação ordenada corresponde a uma adequação do sistema normativo, tratamento este que

---

(2) A lei é mais atendível em seu espírito que nas suas palavras.

deveria estar previsto na lei geral, porque a CLT é a lei geral para os que não têm as suas relações de trabalho protegidas especificamente.

O autor contempla ainda, em seu capítulo quinto, outros direitos e peculiaridades do empregado doméstico. A tendência atual é proteger o trabalhador doméstico como pessoa; todavia, muito ainda poderá ser feito para melhorar a vida do homem que trabalha.

Professor *Magno Luiz Barbosa*, você sabe que é como um filho para mim. Ao final deste prefácio, sinto-me realizado em saber o quanto você é importante em nosso ordenamento jurídico. Não desista das lutas, pois nossos juristas necessitam do seu trabalho e do seu conhecimento.

Por fim, gostaria de deixar uma frase do inglês *Charles Kingsley*: "Ser obrigado a trabalhar, e obrigado a fazer o melhor possível, cria em você moderação e autocontrole, diligência e força de vontade, ânimo e satisfação, e cem outras virtudes que o preguiçoso nunca conhecerá".

Eversio Donizete de Oliveira

A inércia é a maior inimiga do ser humano; direitos somente são conquistados com a ação dos bravos.

(Magno Luiz Barbosa)

INTRODUÇÃO

Esta obra tem como escopo abordar, de forma prática e sucinta, o trabalho doméstico, analisando suas peculiaridades, desde a formação do contrato de trabalho do doméstico, sua vigência e rescisão.

O tema requer que procedamos a uma análise da Lei n. 11.324, de 19 de julho de 2006, que trata das alterações normativas impostas à Lei n. 5.859/72, que disciplina a categoria dos empregados domésticos, e, sem dúvida alguma, ampliou as discussões sobre o tema.

Para isso, será necessário um estudo dogmático-jurídico, que consiste, basicamente, na análise da lei[1], da doutrina e da jurisprudência, investigando sua intertextualidade com o instrumento normativo original.

Ao determo-nos na importância dessa categoria de trabalhadores, observamos a motivação do legislador na elaboração das mudanças que ora servem de objeto para esta reflexão. Afinal, tratam-se de trabalhadores de suma importância no contexto social, mas que, apesar disso, não foram contemplados com todos os direitos constitucionais elencados no art. 7º da Lei Maior.[2]

As alterações ocorridas na legislação, aqui analisadas, há muito se transformaram em um campo fértil para acirradas discussões. Veremos que a

---

(1) Neste trabalho, o estudo da lei se dará pelo método sistemático que, na definição de Mauricio Godinho Delgado "é o método interpretativo que se caracteriza pela busca de harmonização da norma ao conjunto do sistema jurídico. Tal método volta-se a produzir uma interpretação vinculada e harmônica ao conjunto do sistema do Direito. Pelo método sistemático, o processo lógico de interpretação passa a operar em campo mais vasto de ação: investiga-se também a tendência normativa hegemônica nas diversas normas e diplomas existentes sobre matérias correlatas, adotando-se tal tendência como uma das premissas centrais implícitas àquela norma ou diploma interpretado. A partir desse critério apreendem-se, inclusive, com maior clareza, os aspectos transformadores, retificadores, ou continuativos da norma recente perante a ordem jurídica respectiva". (DELGADO, Mauricio Godinho. *Curso de direito do trabalho.* 4. ed. São Paulo: LTr, 2005. p. 234- 235).

(2) No que concerne aos direitos reservados aos empregados domésticos, Mozart Victor Russomano coloca, em sua obra, que: "A exclusão dos benefícios gerais do Direito do Trabalho é uma profunda injustiça, pois entre eles e o representante da família se estabelece perfeita e completa relação de emprego, como sublinhamos anteriormente". (RUSSOMANO, Mozart Victor. *Curso de direito do trabalho.* 9. ed. Curitiba: Juruá, 2005. p. 247)

intenção do legislador foi pôr termo à confusão jurídica acerca do tema, porém não se conseguiu alcançar amplamente esse objetivo.

É imprescindível salientar que não há, neste trabalho, a pretensão de esgotar o assunto, visto que, no mínimo, seria uma pretensão absurda. Espera-se apenas que a obra possa, de alguma forma, colaborar, se não para o entendimento mais amplo do tema, pelo menos para traçar um paralelo entre a legislação e a prática do trabalho doméstico, trazendo à baila inclusive alguns de seus pontos discrepantes.

CAPÍTULO I

BREVES REFLEXÕES SOBRE A EVOLUÇÃO DO TRABALHO E DA LEGISLAÇÃO TRABALHISTA

1. Breves considerações

Qualquer estudioso do Direito sabe que compreender essa ciência não é uma tarefa fácil, seja pela sua multiplicidade de facetas, seja, simplesmente, pela sua característica essencial de ciência que jamais se completa. Talvez por isso o seu estudo se torna tão fascinante, conforme escreveu o grande *Yussef Said Cahali*. Vejamos:

Mas o direito, como ciência humana que jamais se completa, é cambiante por excelência, identificando-se nas suas transformações periódicas o seu maior encanto, ainda que a risco da segurança e estabilidade na prestação jurisdicional; é a ânsia incontida dos julgadores na busca da melhor realização do valor ideal do justo[1].

O Direito do Trabalho não é diferente. A história demonstra que as transformações nessa seara acontecem, paulatinamente, à custa de muita luta dos trabalhadores. Merecem destaque, alguns fatos ocorridos no mundo que indubitavelmente foram a mola propulsora para a criação e adequação da legislação trabalhista existente.

2. A evolução do trabalho e da legislação trabalhista no mundo

A história nos mostra que a escravidão é uma das formas de trabalho mais antigas da humanidade, e também a mais degradante ao ser humano. Sabe-se que na antiguidade, o Império Romano chegou a ter mais escravos do que cidadãos Romanos.

O abolicionismo, movimento político que visou à abolição da *escravatura* e do *tráfico de escravos* que existia abertamente, teve suas origens durante o

---

(1) CAHALI, Yussef Said. *Dos alimentos*. 3. ed. São Paulo: Revista dos Tribunais, 1998. p. 667.

Iluminismo no século XVIII. O movimento acabou se tornando uma das formas mais representativas de ativismo político do *século XIX* até a atualidade.

Infelizmente, ainda há necessidade de luta para erradicação do trabalho escravo, tendo em vista persistirem no mundo contemporâneo outras formas de escravidão, que hodiernamente é chamada de "trabalho em condição análoga às de escravo".

Posterior à escravidão, tivemos a servidão, que foi disseminada na Europa no século X e se tornou a forma predominante de organização do trabalho agrário europeu durante toda a Idade Média, perdurando em alguns países europeus até o início do século XIX.

A servidão passa então a ser a forma de trabalho dos camponeses ("servos") no *feudalismo*, especialmente no âmbito do sistema econômico da *"senhoria"* (direitos feudais sobre a terra). Os servos, trabalhadores rurais vinculados à terra, formavam a *classe social* mais baixa da sociedade feudal.

À diferença dos *escravos*, os servos em tese não eram *propriedade* de ninguém e não podiam ser vendidos, a não ser em conjunto com a terra onde trabalhavam.

A servidão implicava no trabalho forçado dos servos nos campos dos senhores feudais, em troca de proteção e do direito de arrendar terras para subsistência. A servidão nada mais era do que um forma de escravidão disfarçada.

A partir do século XII, para regulamentar o processo produtivo artesanal nas cidades que contavam com mais de 10 mil habitantes, surgiram as corporações de ofícios.

Cada corporação era composta de pessoas que exerciam o mesmo *ofício*, elas eram responsáveis por determinar preços, qualidade, quantidades da produção, margem de lucro, o aprendizado e a hierarquia de trabalho.

A pessoa que desejasse entrar em uma corporação deveria ser aceita por um mestre para a função de aprendiz, que não recebia salário, sendo que o mestre era aquele que detinha as ferramentas e fornecia a *matéria-prima*.

As Corporações de Ofício eram compostas basicamente por três classes: os mestres, os jornaleiros, também chamados de companheiros, e os aprendizes.

O período do aprendizado variava entre dois e sete anos, apóes o término desse aprendizado, o aprendiz tornava-se jornaleiro e depois poderia vir a ser mestre. Na realidade, não era fácil chegar à condição de mestre, era necessário que o passasse por uma prova e ainda pagasse uma taxa em dinheiro, que durante a idade média foi aumentando consideravelmente.

Assim, com tamanha difilculdade para se chegar a mestre, o que se percebia era que em algumas cidades, apenas os filhos de um mestre poderiam aspirar a ocupar tal condição.

Já no século XVIII, ocorreu a Revolução Industrial na Inglaterra, que trouxe como conseqüência altos índices de desemprego, jornadas de trabalho extenuantes, exploração do trabalho da mulher e do menor, salários miseráveis, ou seja, trouxe um contexto social que deu origem a intensos conflitos em busca de proteção e melhores condições de trabalho.

A partir de então, foram catalogadas inúmeras lutas de trabalhadores na Europa e Estados Unidos da América na busca de melhores condições à classe operária, como a Revolução Francesa em 1789, a revolta de 1º de maio de 1886 em Chicago nos Estados Unidos, que acabou por dar origem ao dia do trabalho.

Demais disso, outros acontecimentos merecem destaque na seara trabalhista mundial, como a criação da OIT — Organização Internacional do Trabalho em 1919, a *Carta del Lavoro* italiana, que conforme leciona Amauri Mascaro[2], o documento fundamental do corporativismo peninsular e das diretrizes que estabeleceram uma ordem política e trabalhista centralizada, com uma forte interferência estatal, a Declaração Universal dos Direitos Humanos, um dos documentos básicos das Nações Unidas, assinada em 1948.

3. A evolução do trabalho e da legislação no Brasil

No Brasil, em relação à escravidão, podemos destacar a Lei Eusébio de Queiroz de 1850 que, por pressão dos ingleses, proibiu o tráfico negreiro, a Lei do Ventre Livre de 1871, que garantia a liberdade para as crianças nascidas a partir daquele momento, a Lei dos Sexagenários, de 1885, garantindo a liberdade aos escravos com mais de 60 anos de idade.

Somente em 13 de maio de 1888, seria promulgada a Lei Áurea, que oficialmente aboliu a escravatura. Contudo, há a ressalva da triste realidade de, em pleno século XXI, termos, ainda, que lutar incessantemente contra a escravidão, uma das formas mais degradantes de exploração humana, que fere frontalmente um dos seus bens mais preciosos, a dignidade.

As corporações de ofícios no Brasil tomaram formas próprias justamente em virtude da predominância do trabalho escravo, da indústria caseira, da escassez de artífices livres e da própria estrutura comercial local.

Já na década de 1930 há que se destacar a legislação do governo de Getúlio Vargas, como a Constituição de 1937 e a Consolidação das Leis do Trabalho —

---

(2) NASCIMENTO, Amauri Mascaro. *Curso de direito do trabalho*. 21. ed. São Paulo: Saraiva, 2006. p. 34.

CLT, advinda por meio do Decreto-Lei n. 5.452, de 1º de maio de 1943, que, sem dúvida alguma, firmou inúmeras garantias ao trabalhador brasileiro.

A Carta Magna de 1988, apresenta no seu art. 7º, com seus 34 incisos, garantias aos trabalhadores e dedica seu parágrafo único aos empregados domésticos, a matéria principal deste nosso estudo.

Visto essas considerações iniciais sobre as transformações periódicas e inerentes ao Direito do Trabalho, percebemos facilmente estarmos diante de uma temática que, seguramente, fundamenta intermináveis debates, acerca das complicadas relações interpessoais entre empregado e empregador.

CAPÍTULO II

RELAÇÃO DE EMPREGO E OS SUJEITOS DO CONTRATO INDIVIDUAL DE TRABALHO

1. Relação de emprego e relação de trabalho

Com referência ao tema proposto, em que serão analisadas as alterações da Lei n. 11.324 de 19 de julho de 2006 imposta à Lei n. 5.859 de 11 de dezembro de 1972, alguns pontos devem ser pré-analisados, tais como, o que vem a ser relação de emprego, quais os sujeitos da relação de emprego e, especificamente, quem é o sujeito dessa relação, objeto de estudo.

Quando falamos em relação de emprego, é imprescindível destacar que esta não se confunde com a relação de trabalho, pois, como bem ensina *Russomano*[1], a primeira é espécie da segunda, que por sua vez é o gênero. Por outras palavras, a relação de emprego é sempre uma relação de trabalho, mas nem toda relação de trabalho é também de emprego.

Ainda nas lições de *Russomano*, encontramos a relação de emprego, definida como: "relação de emprego é o vínculo obrigacional que une, reciprocamente, o trabalhador e o empresário, subordinando o primeiro às ordens legítimas do segundo, por meio do contrato individual de trabalho"[2].

Apesar de muito claro o conceito desse ilustre catedrático, para que possamos utilizá-lo no desenvolvimento desta reflexão, faz-se necessária uma intervenção crítica de nossa parte, quanto ao termo "empresário". Essa terminologia utilizada pelo professor *Russomano* limita a figura do empregador à de um agente econômico, que efetivamente visa à oportunidade de lucro, enquanto, na realidade, o empregador pode ser pessoa física ou jurídica, bem como instituições sem fins lucrativos.

2. Sujeitos da relação individual de trabalho

Feitas essas considerações, passemos a discorrer sobre os sujeitos da relação individual de trabalho, o empregador e o empregado.

---

(1) RUSSOMANO (2005), *op. cit.*, p. 70.
(2) *Idem.*

O primeiro sujeito, o empregador, tem sua definição legal no art. 2º da Consolidação das Leis do Trabalho, contudo, neste estudo não temos a pretensão de aprofundar na análise dessa figura com várias nuances o que, inegavelmente, serviria de matéria para incontáveis laudas.

O empregado, sujeito da relação individual de trabalho, a que daremos maior ênfase, sempre foi considerado a parte "fraca" da relação de emprego, em face da sua hipossuficiência frente ao empregador. Em função disso, é indiscutível que o princípio da proteção vise prioritariamente a equalizar essa situação, garantindo superioridade jurídica ao trabalhador, diante da superioridade econômica do empregador.

Sabemos existirem vários tipos de empregados, com suas especificidades, em função das mais diversas situações. Como exemplo, podemos destacar alguns desses empregados e respectivos pontos diferenciadores:

— O trabalhador rural, com horário noturno diferenciado do trabalhador urbano e ressalvas ao trabalho noturno executado na lavoura e na pecuária;

— a mulher, atualmente, com proteção no que concerne à força física, gestação e amamentação, inerentes à sua condição;

— o menor, com proibição de qualquer trabalho a menores de 16 anos, salvo na condição de aprendiz e vedação do trabalho noturno, perigoso e insalubre;

— o trabalhador doméstico, figura que reservamos para analisar mais detidamente no presente estudo, principalmente em virtude da Lei n. 11.324, de 19 de julho de 2006, que impôs alterações na Lei n. 5.859/72.

CAPÍTULO III

O EMPREGADO DOMÉSTICO E A EVOLUÇÃO DA LEGISLAÇÃO

1. Breve histórico até 1923

Não há dúvida de que nas civilizações mais remotas encontramos a figura do trabalhador doméstico, servindo as classes mais abastadas em seus domicílios, caracterizando um dos mais antigos tipos de trabalho.

Conforme observamos no item anterior, os direitos dos trabalhadores foram conquistados a duras penas, com conflitos de classes, que, geralmente, se iniciavam de forma coletiva.

No entanto, no caso dos empregados domésticos, observamos uma situação diferente, visto se tratar de uma classe trabalhadora que exerce sua atividade de forma isolada e, também, porque muitos deles sequer se consideram profissionais.

Diante dssa situação, encontramos uma realidade em que ainda hoje seus direitos não foram totalmente igualados aos dos trabalhadores celetistas.

Sérgio Pinto Martins noticia que antes de 1923 não havia no Brasil regulamentação específica sobre o trabalhador doméstico; até então aplicavam-se apenas certos preceitos do Código Civil[1].

Surge então o Decreto n. 16.107, de 30 de julho de 1923, que aprovava e regulamentava a locação dos serviços domésticos.

2. Legislação e o doméstico na Era Vargas

Já em 27 de novembro de 1941 adveio o Decreto-lei n. 3.078, que, em seu § 1º dispunha que eram *considerados empregados domésticos todos aqueles que, de qualquer profissão ou mister, mediante remuneração, prestem serviços em residências particulares ou a benefício destas*[2].

---

(1) MARTINS, Sergio Pinto. *Direito do trabalho*. 23. ed. São Paulo: Atlas, 2007. p. 139.
(2) Disponível em <http://www6.senado.gov.br/legislacao/ListaPublicacoes> Acesso em: 5 abr. 2007.

Interessante ressaltar que o Decreto-lei de 1941 apresentava disparidade no tratamento legislativo dispensado ao empregado e empregador domésticos, visto que, ao discorrer sobre os deveres de cada um dos sujeitos da relação de emprego, reservava três ao empregador e cinco ao empregado.

O advento da Consolidação das Leis do Trabalho, por meio do Decreto-lei n. 5.452, de 1º de maio de 1943, não trouxe alterações na questão do trabalhador doméstico, pois o art. 7º, alínea *a*, dispõe expressamente sobre a inaplicabilidade da CLT a essa categoria de trabalhadores. Vejamos:

> Art. 7º Os preceitos constantes da presente Consolidação salvo quando fôr em cada caso, expressamente determinado em contrário, não se aplicam:
>
> a) aos empregados domésticos, assim considerados, de um modo geral, os que prestam serviços de natureza não-econômica à pessoa ou à família, no âmbito residencial destas;

Diante dessa situação, interessante observar o que bem asseverou o professor *Delgado* (2007), no sentido de que os domésticos por longo período foram segregados dos demais trabalhadores, no que concerne à garantia de direitos. Vejamos suas pertinentes colocações:

> A CLT excluiu, expressamente, os empregados domésticos do âmbito de suas normas protetivas (art. 7º, "a"). A categoria permaneceu, assim, por extenso período, em constrangedor limbo jurídico, sem direito sequer a salário mínimo e reconhecimento previdenciário do tempo de serviço."[3]

Destarte, percebe-se que mudanças consideráveis versando sobre a legislação concernente ao trabalhador doméstico somente viriam a ocorrer com efetiva regulamentação da profissão, o que ocorreu com o advento da Lei n. 5.859 de 1972, conforme veremos a seguir.

3. O advento da Lei n. 5.859/72

Em 1972, finalmente é publicada a Lei n. 5.859, que entrou em vigor 30 dias após a publicação de seu regulamento, ocorrida por meio do Decreto n. 71.885 de 09 de março de 1973.

A partir de então, a definição legal de empregado doméstico estava consolidada no art. 1º da Lei n. 5.859/72, que dispõe:

> Art. 1º Ao empregado doméstico, assim considerado aquele que presta serviços de natureza contínua e de finalidade não lucrativa à pessoa ou à família no âmbito residencial destas, aplica-se o disposto nesta lei.

---

(3) DELGADO (2007), *op. cit.*, p. 374.

Do conceito encontrado no artigo em destaque, há que serem observados os elementos fático-jurídicos reservados à relação de emprego doméstica, que consiste basicamente no fato de que a pessoa física deve executar sua atividade no âmbito residencial, sem finalidade de obtenção de lucro.

Portanto, para ser considerado empregado doméstico, deve-se observar como funciona o âmbito residencial, ou seja, na residência em que se explore atividade econômica de produção e venda de salgados para festas, teremos uma residência onde há atividade com finalidade lucrativa, sendo assim, o empregado dessa residência não poderá ser considerado doméstico, mas, celetista, o mesmo ocorre na residência da família onde funcione uma pequena confecção de roupas, ou qualquer tipo de serviço com finalidade lucrativa.

Sabemos que, na prática, muitas famílias reservam um ou mais cômodos de sua residência para essas pequenas oficinas familiares. Caso esses ambientes estejam bem separados, apesar do mesmo endereço, iremos nos deparar com dois tipos de empregados, o doméstico, que realiza suas atividades exclusivamente no âmbito residencial da família, e o trabalhador que executa suas funções na pequena oficina da família, ressaltando que é extremamente tênue a linha entre os dois tipos de empregados, visto que se o doméstico executar seus serviços na pequena oficina da família, mesmo que eventualmente, poderá pleitear na Justiça reconhecimento dos seus direitos como celetista.

Neste sentido, *Gomes* e *Gottschalk* (2006) fazem uma interessante abordagem:

> O trabalho doméstico sendo uma atividade não lucrativa, por excelência, não se deve mesclar com a operação de fins lucrativos, que beneficiem o empregador. A mescla com tais atividades o desnatura. Tem-se considerado *não-doméstico* a cozinheira de uma "república" ou "pensão", que atende apenas aos empregados de um estabelecimento comercial.[4]

Os exemplos clássicos de empregados domésticos são mordomos, cozinheiros, governantas, babás, lavadeiras, jardineiros, copeiros, etc.

Justamente por se tratar de uma categoria de trabalhadores com legislação específica, ou seja, não enquadrados na CLT, os domésticos são considerados pela doutrina laborista como um dos vários "tipos especiais de empregados", do mesmo modo do empregado rural, que também tem legislação especial, ou do aprendiz, cujo tratamento é diferenciado na CLT, face a sua condição especial.

---

(4) GOMES, Orlando; GOTTSCHALK, Élson. *Curso de direito do trabalho*. 17. ed. Rio de Janeiro: Forense, 2006. p. 97. (Os autores trazem em nota de rodapé a definição de "república" ou "pensão" como sendo *"uma espécie de casa de posto anexa a um estabelecimento comercial não aberta para clientela, mas, apenas, para fornecer hospedagem aos empregados do mesmo, uso que hoje vai desaparecendo em Salvador"*).

4. A Constituição Federal de 1988 e os direitos reservados aos domésticos

O próximo ponto a se destacar, em termos de evolução na legislação reservada aos empregados domésticos, é a Constituição Federal de 1988, que cuidou dos direitos sociais nos arts. 6º ao 11º, sendo que no art. 7º garantiu expressamente os direitos dos trabalhadores urbanos e rurais, elencados em 34 incisos que garantem esses direitos, dos quais apenas nove foram reservados aos empregados domésticos, conforme podemos verificar no parágrafo único do referido artigo. Vejamos:

> Art. 7º São direitos dos trabalhadores urbanos e rurais, além de outros que visem à melhoria de sua condição social:
>
> [...]
>
> Parágrafo único. São assegurados à categoria dos trabalhadores domésticos os direitos previstos nos incisos IV, VI, VIII, XV, XVII, XVIII, XIX, XXI e XXIV, bem como a sua integração à previdência social.

Diante disso, não há dúvidas de que o constituinte falhou quanto ao reconhecimento dos direitos dos empregados domésticos. Tendo em vista que a Carta Magna de 1988, indubitavelmente, teve como objetivo fundamental a igualdade de direitos, que no caso da categoria em estudo, isso não foi respeitado.

A nosso ver não cabe aqui o argumento de que para os desiguais haverá tratamento desigual em relação a sua desigualdade. O doméstico é, sem dúvida alguma, um trabalhador como outro qualquer, que deveria sim ter sido igualmente contemplado com todos os direitos reservados aos trabalhadores celetistas.

O argumento para a desigualdade em relação a direitos garantidos aos domésticos é no sentido de que a condição econômica de muitos empregadores dessa categoria é igual a do seu subordinado, ou seja, a maioria dos empregadores domésticos não conseguiria arcar com os encargos trabalhistas que são reservados aos celetistas.

Entretanto, é inconcebível que sob este argumento milhões de trabalhadores domésticos fiquem sem a garantia de alguns dos mais básicos direitos sociais reservados aos demais trabalhadores, a solução plausível seria ações do governo no sentido de compensar de alguma forma essa desigualdade.

Destarte, resguardadas as devidas críticas quanto ao fato do constituinte não ter estendido todos os direitos do art. 7º aos empregados domésticos, ainda assim, é inegável que a Constituição Federal de 1988 foi o grande marco na ampliação dos direitos dessa categoria de empregados.

CAPÍTULO IV

ANÁLISE AO ART. 7º DA CONSTITUIÇÃO FEDERAL DE 1988 E AS GARANTIAS CONSTITUCIONAIS EFETIVAMENTE RESERVADAS AOS TRABALHADORES DOMÉSTICOS[1]

Para melhor explorarmos o paradoxo entre os direitos trabalhistas garantidos constitucionalmente a todos os trabalhadores urbanos e rurais e os reservados aos empregados domésticos, é oportuno trazermos à baila e analisarmos, todos os incisos do art. 7º da Constituição Federal, destacando os que efetivamente alcançaram os trabalhadores domésticos. Assim vejamos:

I — relação de emprego protegida contra despedida arbitrária ou sem justa causa, nos termos de lei complementar, que preverá indenização compensatória, dentre outros direitos;

O disposto no inciso em destaque demonstra que a Constituição Federal de 1988 trocou tacitamente a estabilidade no emprego prevista no art. 492 da CLT, pela garantia de indenização compensatória, que acabou sendo regulada pela Lei n. 8.036/90, Lei do Fundo de Garantia por Tempo de Serviço — FGTS.

No caso específico do empregado doméstico, não lhe foi reservada esta garantia de indenização compensatória em caso de demissão arbitrária ou sem justa causa, tendo em vista que a inclusão do doméstico no programa do FGTS é facultativa, conforme veremos de forma mais aprofundada na análise do inciso III.

II — seguro-desemprego, em caso de desemprego involuntário;

No que tange ao direito a seguro-desemprego, o constituinte não garantiu ao empregado doméstico esse direito. Contudo, a Lei n. 10.208, de 23 de março de 2001, acrescentou o art. 6-A à Lei n. 5.589/72, com a seguinte redação:

Art. 6º-A. O empregado doméstico que for dispensado sem justa causa fará jus ao benefício do seguro-desemprego, de que trata a Lei n. 7.998, de 11 de janeiro de 1990,

---

[1] Os incisos do art. 7º da Constituição Federal que foram garantidos aos domésticos estão destacados em letras maiúsculas.

no valor de um salário mínimo, por um período máximo de três meses, de forma contínua ou alternada. *(Incluído pela Lei n. 10.208, de 23.3.2001)*

Destarte, importante observar que o direito ao seguro-desemprego está diretamente relacionado à questão da inclusão do empregado no programa do Fundo de Garantia por Tempo de Serviço, ou seja, o empregado doméstico incluído no programa do FGTS terá direito a receber o seguro-desemprego nos termos da Lei n. 7.998, de 11 de janeiro de 1990; do contrário não.

Conforme já abordamos, é imprescindível salientar que, no caso do doméstico, a inclusão no programa de FGTS é facultativa. Assim, apesar da boa intenção do legislador com o acréscimo do art. 6-A à Lei n. 5.859/72, o direito ao seguro-desemprego ainda não é uma garantia uníssona, se comparada aos trabalhadores celetistas.

III — fundo de garantia por tempo de serviço;

A legislação brasileira ainda não contemplou efetivamente o direito ao FGTS ao empregado doméstico, contudo, a Lei n. 10.208/01 trouxe ao ordenamento jurídico a faculdade de inclusão do empregado doméstico no Fundo de Garantia por Tempo de Serviço, acrescentando o art. 3-A à Lei n. 5.859/72, que assim dispõe:

> Art. 3º-A. É facultada a inclusão do empregado doméstico no Fundo de Garantia do Tempo de Serviço — FGTS, de que trata a Lei n. 8.036, de 11 de maio de 1990, mediante requerimento do empregador, na forma do regulamento. *(Incluído pela Lei n. 10.208, de 23.3.2001)*

Diante disso, um dos pontos mais discutidos durante a tramitação da Lei n. 11.324/06 foi a questão do Fundo de Garantia por Tempo de Serviço, a obrigatoriedade ou não de seu recolhimento. Em relação a isso, a situação do doméstico ficou inalterada, ou seja, *a inscrição do empregado doméstico no FGTS continua facultativa.*

Ainda assim, é interessante observarmos que, mesmo expresso em nossa legislação pátria vigente, constantemente encontramos demandas no Judiciário acerca do tema. Vejamos:

> AGRAVO DE INSTRUMENTO. EMPREGADO DOMÉSTICO. INCLUSÃO NO FGTS. REQUERIMENTO FORMAL. ART. 3º-A DA LEI N. 5.859/72. Há de ser provido o agravo de instrumento quando demonstrada uma possível violação ao art. 3-A da Lei n. 5.859/72, porquanto a inclusão do empregado no FGTS é uma faculdade do empregador que deve ser feita mediante requerimento, na forma do regulamento. Agravo de instrumento a que se dá provimento. RECURSO DE REVISTA. EMPREGADO DOMÉSTICO. INCLUSÃO NO FGTS. REQUERIMENTO FORMAL. ART. 3º-A DA Lei n. 5.859/72. OFENSA. PROVIMENTO. Tendo em vista a existência de norma jurídica que define forma específica para a inclusão do empregado no FGTS — Art. 3º-A, da Lei

n. 5.859/72 —, não há como supor a intenção do empregador em incluir o empregado sem a devida comprovação documental. Recurso de revista a que se dá provimento.[2]

EMPREGADO DOMÉSTICO. RECOLHIMENTO DO FGTS. FACULDADE DO EMPREGADOR. LEI N. 10.208 DE 23.03.2001. O empregado que presta serviços de motorista, no âmbito da residência do reclamado, pessoa natural, deve ser enquadrado Como doméstico, nos termos da Lei n. 5.859/72. Não há que se falar em pagamento ou recolhimento do FGTS relativo este trabalho, à falta de previsão legal. Só recentemente a Lei n. 10.208 de 23.03.2001, em seu art. 1º, facultou a inclusão do empregado doméstico no Fundo de Garantia do Tempo de Serviço. FGTS, mediante requerimento do empregador. Até a data da Lei sequer esta faculdade existia, porque o FGTS não se incluía entre os direitos dos trabalhadores domésticos.[3]

É imprescindível salientar que a referida inclusão do doméstico no Fundo de Garantia por Tempo de Serviço sujeita o empregador às obrigações e penalidades previstas na Lei n. 8.036/1990, conforme dispõe o art. 2º[4] do Decreto n. 3.361 de 10 de fevereiro de 2001. Assim, conseqüentemente, o empregador que recolhe FGTS de seu empregado doméstico estará sujeito à indenização prevista no § 1º[5] do art. 18 da Lei n. 8.036/90, bem como o empregador não poderá desistir do recolhimento no curso do contrato de trabalho, a menos que faça a opção pela dispensa do empregado.

A opção pelo FGTS garante ao empregado doméstico direito ao seguro-desemprego durante até o máximo de três meses no valor de um salário mínimo, desde que o FGTS esteja sendo recolhido há pelo menos 15 meses e a dispensa seja sem justa causa.

Quando o empregador fizer opção pelo recolhimento do FGTS na conta vinculada do empregado doméstico a data limite para recolhimento é o dia 7 do mês subseqüente ao trabalhado.

O grande argumento para que não fosse aprovado o direito do empregado doméstico ao Fundo de Garantia por Tempo de Serviço foi o de que o empregador doméstico não teria condições de arcar com mais esse encargo, visto tratar-se de um empregador que em regra, no âmbito familiar, não explora atividade econômica.

---

(2) TST — RR 1.426/2005-010-18-40.7 — Primeira Turma — Rel. Juiz Conv. Guilherme Augusto Caputo Bastos — *DJU* 01.06.2007 — p. 1086.
(3) TRT 3ª R. — RO 00580-2006-022-03-00-0 — Sexta Turma — Rel. Juiz Antônio Fernando Guimarães — Julg. 30.10.2006 — *DJMG* 10.11.2006.
(4) O art. 2º do Decreto n. 3.361/00 dispõe que *a inclusão do empregado doméstico no FGTS é irretratável com relação ao respectivo vínculo contratual e sujeita o empregador às obrigações e penalidades previstas na Lei n. 8.036, de 1990.*
(5) O § 1º do art. 18 da Lei n. 8.036/90 dispõe que, em caso de despedida motivada pelo empregador, sem justa causa, este depositará na conta vinculada do trabalhador no FGTS a importância de 40% do valor de todos os depósitos realizados nesta conta.

É certo que muitos empregadores domésticos sequer se encontram em classe socioeconômica diferenciada da de seu empregado. Para melhor entendimento imaginemos a situação hipotética da mãe que sustenta sozinha sua residência e, conseqüentemente sua prole, sendo que em seu trabalho recebe mensalmente a quantia equivalente a dois salários mínimos e terá que pagar um salário mínimo para uma empregada doméstica cuidar de sua casa e de seus filhos.

Em casos hipotéticos como esse narrado, mas que corresponde à realidade de milhares ou milhões de mães ou pais, que sustentam sozinhos a família, indubitavelmente esse empregador ou empregadora não suportaria o encargo do FGTS.

Contudo, é plausível que o empregado doméstico não pode ter direitos suprimidos face a situações como a que acabamos de demonstrar.

Inegavelmente soluções paliativas deverão surgir, como por exemplo, a participação do governo com subsídio ou incentivo que possibilite ao empregador doméstico arcar com mais essa despesa; um exemplo disso é incentivo do governo quanto ao Imposto de Renda Pessoa Física do empregador doméstico, que sofrerá dedução desde que esse empregador esteja recolhendo corretamente as verbas previdenciárias de seu empregado. Inovação trazida pela Lei n.11.324/06, que abordaremos mais adiante.

> **IV** — *Salário mínimo, fixado em lei, nacionalmente unificado, capaz de atender a suas necessidades vitais básicas e às de sua família com moradia, alimentação, educação, saúde, lazer, vestuário, higiene, transporte e previdência social, com reajustes periódicos que lhe preservem o poder aquisitivo, sendo vedada sua vinculação para qualquer fim;*

Os direitos constitucionalmente reservados ao empregado doméstico iniciam-se exatamente no presente inciso do art. 7º, que versa sobre o direito ao salário mínimo, fixado em lei, nacionalmente unificado, capaz de atender às necessidades básicas do trabalhador.

Apesar de estarmos diante de um garantia utópica[6], que não corresponde à realidade fática do trabalhador brasileiro, foi um direito que o constituinte cuidou de garantir também ao trabalhador doméstico.

A respeito dessa situação quimérica do salário mínimo nacional, vejamos uma interessante decisão do STF em uma Ação Direta de Inconstitucionalidade:

A insuficiência do valor correspondente ao salário mínimo — definido em importância que se revele incapaz de atender às necessidades vitais básicas

---

(6) É certo que não só o empregado doméstico, mas qualquer trabalhador que tenha família e receba o salário mínimo brasileiro vive em condição de miserabilidade, garantindo no máximo uma moradia precária e a alimentação básica da família.

do trabalhador e dos membros de sua família — configura um claro descumprimento, ainda que parcial, da Constituição da República, pois o legislador, em tal hipótese, longe de atuar como sujeito concretizante do postulado constitucional que garante à classe trabalhadora um piso geral de remuneração digna (CF, art. 7º, IV), estará realizando, de modo imperfeito, porque incompleto, o programa social assumido pelo Estado na ordem jurídica. A omissão do Estado — que deixa de cumprir, em maior ou em menor extensão, a imposição ditada pelo texto constitucional — qualifica-se como comportamento revestido da maior gravidade político-jurídica, eis que, mediante inércia, o Poder Público também desrespeita a Constituição, também compromete a eficácia da declaração constitucional de direitos e também impede, por ausência de medidas concretizadoras, a própria aplicabilidade dos postulados e princípios da Lei Fundamental. As situações configuradoras de omissão inconstitucional, ainda que se cuide de omissão parcial, refletem comportamento estatal que deve ser repelido, pois a inércia do Estado — além de gerar a erosão da própria consciência constitucional — qualifica-se, perigosamente, como um dos processos informais de mudança ilegítima da Constituição, expondo-se, por isso mesmo, à censura do Poder Judiciário. Precedentes: RTJ 162/877-879, Rel. Min. Celso de Mello — RTJ 185/794-796, Rel. Min. *Celso de Mello*.[7]

O professor *Ferraz Jr.* (2006) leciona que normas como a do salário mínimo, apesar de disporem sobre prescrições postuladas ideologicamente pela sociedade, se aplicadas causariam insuportável tumulto social:

Sua eficácia está por assim dizer, em não serem obedecidas e, apesar disso, produzirem o efeito de satisfação ideológica. É o caso da norma constitucional sobre o salário mínimo, que prevê para ele um valor suficiente para atender às necessidades vitais do trabalhador e de sua família com moradia, educação, saúde, lazer, vestuário, higiene, transporte e previdência social (Constituição de 1988, art. 7, IV); nas condições brasileiras atuais, a lei salarial não atende o valor exigido pela Constituição que, se atendido, certamente levaria a um tumulto nas relações econômico-sociais; mas a norma constitucional produz, não obstante isso, um efeito ideológico simbólico: a Constituição garante um salário mínimo![8]

Destarte, mesmo sabendo que o não cumprimento do disposto no presente inciso compromete de certa forma a eficácia da declaração constitucional de direitos, esta é a realidade do trabalhador brasileiro.

---

(7) ADI 1.442, Rel. Min. Celso de Mello, DJ 29.04.05. No mesmo sentido: ADI 1.458-MC, Rel. Min. Celso de Mello, DJ 20.09.96.
(8) FERRAZ JÚNIOR, Tércio Sampaio. *Introdução ao estudo do direito*: técnica, decisão, dominação. 5. ed. São Paulo: Atlas, 2007. p. 200.

V — piso salarial proporcional à extensão e à complexidade do trabalho;

No parágrafo único do art. 7º da Constituição Federal, o constituinte não contemplou a categoria dos domésticos com a garantia ao piso salarial proporcional à extensão e à complexidade do trabalho, prevista neste inciso do art. 7º da Carta Magna.

Contudo, a interpretação lógica da norma nos remete a uma conexão entre os textos jurídicos, devendo ser observada a Lei Complementar n. 103, de 14 de julho de 2000, que de certa forma alterou essa situação.

O art. 1º da Lei Complementar n. 103/2000 autoriza os Estados e o Distrito Federal a instituir o piso salarial a que se refere o inciso V do art. 7º da Constituição Federal, por aplicação do disposto no parágrafo único do art. 22 da CF/88, sendo que, no parágrafo segundo do referido art. 1º da L.C. n. 103/2000, o direito é estendido aos domésticos. Vejamos:

> Art. 1º Os Estados e o Distrito Federal ficam autorizados a instituir, mediante lei de iniciativo do Poder Executivo, o piso salarial de que trata o inciso V do art. 7º da Constituição Federal para os empregados que não tenham piso salarial definido em lei federal, convenção ou acordo coletivo de trabalho.
>
> [...]
>
> § 2º O piso salarial a que se refere o caput poderá ser estendido aos empregados domésticos.

Indubitavelmente, os domésticos têm como piso salarial o salário mínimo definido pelo governo federal, o qual é corrigido anualmente, com a finalidade de suprir as perdas oriundas da inflação e recompor o poder de compra.

No que tange à extensão ou complexidade dos serviços do doméstico, há que se ressaltar que a legislação abordada até o momento não define ou limita expressamente a extensão ou complexidade da atividade, dispondo apenas que doméstico é a pessoa física que presta serviços de natureza contínua e de finalidade não lucrativa à pessoa ou à família no âmbito residencial destas.

O fato é que, na realidade, o trabalho doméstico é considerado estritamente manual. Assim, temos que a extensão da garantia em voga aos domésticos pela Lei Complementar n. 103/2000 não terá grande repercussão prática, tendo em vista que o prevalecente piso salarial da categoria continua sendo o salário mínimo nacional.

VI — *Irredutibilidade do salário, salvo o disposto em convenção ou acordo coletivo;*

A irredutibilidade de salário foi outro direito conquistado pelo trabalhador doméstico, ou seja, após convencionado um determinado salário entre empregado e empregador este não poderá ser reduzido, salvo disposto em acordo ou convenção coletiva.

A previsão do inciso em comento traz uma ressalva quanto à possibilidade de redução de salário quando convencionado por meio de representação coletiva dos empregados. Há que se ressaltar de forma genérica, que a exceção legal de redução de salário por meio de acordo ou convenção coletiva trata-se de um precedente que adveio, visando a resguardar o bem maior do empregado, qual seja, o emprego.

Assim, temos que, em casos extremos, quando o empregador incorre em risco iminente de ter que proceder com demissão em massa de seus empregados, poderá haver acordo ou convenção coletiva, prevendo redução de salário, enquanto perdurar aquela situação de risco, o que evidentemente não é comum na categoria dos domésticos, que tem como peculiaridade o trabalho individual.

Hodiernamente, sabemos que a categoria de trabalhadores domésticos tem se organizado em sindicatos, o que indubitavelmente contribui para o fortalecimento da classe e, conseqüentemente, surgirão acordos e convenções coletivas celebrados entre sindicatos de empregados e empregadores domésticos.

Entretanto, cumpre-nos salientar que eventuais acordos ou convenções coletivas celebrados entre sindicatos representantes dessa categoria terão cunho meramente educativo, visto que o direito de reconhecimento dos acordos e convenções coletivas, previsto no inciso XXVI do art. 7º da CF/88, não foi estendido aos empregados domésticos, conforme veremos mais adiante. Assim, mesmo que celebrados, esses acordos ou convenções coletivas, a princípio, não servirão de fonte formal para o Direito do Trabalho.

Diante dessa situação, percebe-se que, mesmo havendo cláusula em convenção coletiva prevendo em casos extremos redução de salário para a categoria dos domésticos, será considerada nula de pleno direito, visto o não reconhecimento legal das convenções coletivas dessa categoria de trabalhadores.

VII — garantia de salário, nunca inferior ao mínimo, para os que percebem remuneração variável;

A remuneração variável é o conjunto de diferentes formas de recompensa oferecidas aos empregados, complementando a remuneração fixa e atrelando fatores, como atitudes, desempenho e outros com o valor percebido[9].

Essa forma de remuneração é aplicada geralmente em empresas, visando a incentivar seus empregados a aumentar a produtividade.

No caso específico dos empregados domésticos, não é comum a utilização do pagamento pela contraprestação dos serviços em forma de remuneração

---

(9) Disponível em <http://carreiras.empregos.com.br/carreira/comunique_se/col_leitor/120404-sistemas_remuneracao_camila.shtm> Acesso em: 6 abr. 2007.

variável, o que, sem dúvida, justifica a não extensão do referido direito à categoria dos trabalhadores domésticos.

VIII — *Décimo terceiro salário com base na remuneração integral ou no valor da aposentadoria;*

Aqui estamos diante de outro importante direito trabalhista que o constituinte cuidou de reservar ao trabalhador doméstico.

O décimo terceiro salário, ou gratificação natalina, foi instituído no Brasil por meio da Lei n. 4.090, de 13 de julho de 1962, contudo, essa categoria de trabalhadores não tinha direito a referida gratificação[10], até o advento da Constituição Federal de 1988.

As normas trabalhistas impõem que as gratificações dadas eventualmente pelo empregador não irão integrar o salário do empregado, podendo ser suprimidas a qualquer tempo.

No caso do décimo terceiro salário, trata-se de gratificação paga habitualmente pelo empregador, por força de lei, e que conseqüentemente integrará o salário. Diante disso, nossa Corte Suprema pacificou o tema. Vejamos a Súmula 207 do STF:

> STF 207 — As gratificações habituais, inclusive a de Natal, consideram-se tacitamente convencionadas, integrando o salário.

Pelas dificuldades financeiras, que grande parte dos empregadores domésticos vivenciam, conforme exposto anteriormente, seria inadmissível que a garantia em apreço não tivesse sido estendida a essa categoria de trabalhadores.

IX — remuneração do trabalho noturno superior à do diurno;

Sabemos que todo serviço realizado em condições diversas às normais de trabalho deve ser remunerado com adicional, visando a compensar essa situação diferenciada, que fatalmente trará danos ao trabalhador, sejam biológicos, que abrange questões psicofisiológicas, sejam sociais, pois o trabalho em horários diferenciados certamente terá afetado tanto o convívio familiar quanto o convívio em sociedade.

O trabalho em horário noturno para o trabalhador urbano, ou seja, aquele compreendido entre as 22:00 horas de um dia e as 05:00 horas do dia seguinte é uma dessas modalidades de trabalho que fogem da jornada convencional e, por isso, foi garantido aos trabalhadores urbanos e rurais, que laboram nessa condição, o direito a um adicional.

---

(10) Segundo Magano, gratificação significa brindar em testemunho de reconhecimento. É patente a idéia de dádiva ou liberalidade que o verbo transmite. (MAGANO, Octávio Bueno. *Dicionário jurídico-econômico das relações de trabalho*. São Paulo: Saraiva, 2002. p. 114)

No entanto, no que tange aos empregados domésticos, esse e nenhum outro direito a adicional lhes foi reservado, ou seja, terá a mesma remuneração o trabalho doméstico realizado tanto durante o dia quanto durante a noite.

X — proteção do salário na forma da lei, constituindo crime sua retenção dolosa;

Talvez aqui estejamos diante da maior falha do constituinte em se tratando desses direitos, que não foram garantidos aos trabalhadores domésticos. Afinal, a nosso ver, é inaceitável que essa classe de trabalhadores não tenha direito à proteção ao salário, como se o seu salário fosse menos necessário que o de outras categorias.

Contudo, o mais grave é que, em uma interpretação gramatical[11] ou literal do presente inciso, observamos que mesmo quando houver retenção dolosa do salário do empregado doméstico, a princípio, esse empregador não sofrerá nenhuma sanção criminal.

XI — participação nos lucros, ou resultados, desvinculada da remuneração, e, excepcionalmente, participação na gestão da empresa, conforme definido em lei;

Apesar de criticarmos o constituinte por não estender todos os direitos do art. 7º aos empregados domésticos, aqui, temos que admitir que o presente inciso é totalmente incongruente com a categoria dos empregados domésticos, visto que um dos principais elementos fático-jurídicos específicos do empregado doméstico diz respeito ao trabalho ser realizado em âmbito familiar sem fins lucrativos.

Portanto, o inciso em apreço jamais poderia ser reservado aos trabalhadores domésticos, pois versa sobre direito exclusivamente dos trabalhadores celetistas.

XII — salário-família pago em razão do dependente do trabalhador de baixa renda nos termos da lei;

A redação do presente inciso foi alterada pela Emenda Constitucional n. 20, de 15 de dezembro de 1998, sendo que na redação original do inciso garantia a qualquer trabalhador *"salário-família para os seus dependentes"*, assim, percebemos que a alteração ocorrida na redação do inciso cuidou de expressar que o referido direito caberia tão-somente ao trabalhador de baixa renda nos termos da lei.

---

(11) Qualquer interpretação da norma somente pelo método gramatical deve ser observada com ressalvas. Neste sentido, Mauricio Godinho Delgado disserta o seguinte: "O método gramatical ou linguístico, se tomado isoladamente, evidencia limitações — e distorções — óbvias, em face do reducionismo formalístico que impõe ao processo interpretativo. A riqueza do processo de interpretação do Direito não se deixa captar inteiramente pela simples tradução das palavras lançadas nos textos normativos. A par disso, há aparentes antinomias formais na legislação que jamais poderiam ser superadas caso o intérprete se mantivesse nos estritos parâmetros da interpretação gramatical". (DELGADO (2007), *op. cit.*, p. 234)

A Lei n. 4.266, de 03 de outubro de 1963, regulamentada pelo Decreto n. 53.153, de 10 de dezembro de 1963, que instituiu o salário-família, não contemplou a categoria dos domésticos, também a Constituição Federal de 1988, por sua vez, não estendeu o referido direito a esses trabalhadores.

A negativa de direito encontrada na Carta Magna de 1988 foi corroborada na Lei n. 8.213, de 24 de julho de 1991, que dispõe sobre os Planos de Benefícios da Previdência Social e dá outras providências. Seu art. 65 assim dispõe:

> Art. 65. O salário-família será devido, mensalmente, ao segurado empregado, exceto ao doméstico, e ao segurado trabalhador avulso, na proporção do respectivo número de filhos ou equiparados nos termos do § 2º do art. 16 desta Lei, observado o disposto no art. 66.

O fato é que inúmeros trabalhadores domésticos são os únicos provedores de suas famílias e, em sua esmagadora maioria, são trabalhadores de baixa renda, daí ser inaceitável que a garantia ao salário-família[12] não tenha sido estendida a essa categoria.

Não há dúvidas de que garantias como esta, ora analisada, onerariam sobremaneira o empregador doméstico, que, por sua vez, em considerável parte dos casos, não é provido de condição financeira tão favorável, conforme abordamos anteriormente. Contudo, novamente asseveramos que o empregado doméstico não pode arcar com esses ônus em função da condição especial desse tipo de empregador.

Nesse sentido, novamente alertamos sobre iniciativas do governo necessárias para garantir que qualquer empregador doméstico possa prover esses direitos até então suprimidos dessa classe de trabalhadores.

> XIII — duração do trabalho normal não superior a oito horas diárias e quarenta e quatro semanais, facultada a compensação de horários e a redução da jornada, mediante acordo ou convenção coletiva de trabalho;

Os empregados domésticos não foram contemplados com a jornada legal de trabalho estabelecida na CLT e Constituição Federal. Diante disso, interpretando de forma gramatical ou literal a legislação vigente, o trabalhador doméstico pode laborar em jornadas de 15, 16 ou 18 horas diárias, o que na prática efetivamente ocorre em inúmeros casos, principalmente entre os empregados domésticos que residem no local de trabalho.

Sabemos que a limitação na jornada de trabalho foi alcançada ao longo dos tempos, com lutas e revoltas sociais, justamente pelas conseqüências desastrosas no ser humano, no que se refere a questões biológicas, sociais, econômicas e humanas, de modo geral.

---

(12) De acordo com a Portaria n. 142, de 11 de abril de 2007, o valor do salário-família será de R$ 23,08, por filho de até 14 anos incompletos ou inválido, para quem ganhar até R$ 449,93. Para o trabalhador que receber de R$ 449,94 até R$ 676,27, o valor do salário-família por filho de até 14 anos incompletos ou inválido será de R$ 16,26. Disponível em <http://www.mpas.gov.br/pg_secundarias/beneficios_11.asp> Acesso em: 14 abr. 2007.

Assim, quando esse direito à limitação da jornada não foi estendido aos trabalhadores domésticos, o constituinte nos leva a refletir se esses trabalhadores não estão sujeitos às conseqüências desastrosas de jornadas excessivas.

Certamente os domésticos também deveriam ter jornada limitada, pois, como em qualquer outra profissão, pessoas que laboram em jornadas excessivas de trabalho estarão suscetíveis à fadiga física ou mental e à falta de convívio social.

Destarte, indubitavelmente encontramos na presente negativa de direito mais uma discriminação patente a essa categoria de trabalhadores.

XIV — jornada de seis horas para o trabalho realizado em turnos ininterruptos de revezamento, salvo negociação coletiva;

O trabalho em turnos ininterruptos de revezamento não é característico do trabalho doméstico, sendo um tipo de trabalho realizado precipuamente em empresas. Assim, por esse motivo, não teria qualquer fundamento ser garantido ao trabalhador doméstico.

XV — *Repouso semanal remunerado, preferencialmente aos domingos;*

O repouso semanal remunerado é previsto na Lei n. 605, de 05 de janeiro de 1949, que declarava de forma expressa na alínea "a" de seu art. 5º que o descanso semanal com remuneração previsto naquela norma não se aplicava *aos empregados domésticos, assim considerados, os que prestem serviço de natureza não econômica a pessoa ou a família no âmbito residencial destas*[13].

No entanto, com o advento da Constituição Federal de 1988, o direito ao repouso semanal remunerado foi estendido aos empregados domésticos, surgindo, assim, uma discrepância na legislação vigente acerca do tema, nos seguintes termos: de um lado, a Lei Maior garantia o direito ao Repouso Semanal Remunerado para o empregado doméstico e, de outro, a Lei n. 605/49, que versa especificamente sobre o RSR e os feriados nacionais civis e religiosos, previa em seu art. 5º, alínea "a", que todo aquele regulamento não se aplicaria aos empregados domésticos.

Assim, mesmo tendo o direito ao repouso semanal remunerado, era comum a discussão judicial sobre os direitos inerentes ao RSR, como, por exemplo, o pagamento em dobro dos dias de repouso semanal remunerados que fossem trabalhados, direito que, além da previsão legal, estava consolidado no TST e no STF, por meio das Súmulas 146 e 461, respectivamente, transcritas a seguir:

TST 146 — TRABALHO EM DOMINGOS E FERIADOS, NÃO COMPENSADO

O trabalho prestado em domingos e feriados, não compensado, deve ser pago em dobro, sem prejuízo da remuneração relativa ao repouso semanal.

---

(13) Texto encontrado na redação original do art. 5º, alínea "a" da Lei n. 605/49.

STF 461 — É duplo, e não triplo, o pagamento do salário nos dias destinados a descanso.

Destarte, por incontáveis vezes, as discussões judiciais sobre a aplicação, ou não, do direito à "dobra" acabava chegando à Corte Maior trabalhista, conforme podemos observar nas decisões a seguir:

> PROCEDIMENTO SUMARÍSSIMO – DOBRA DECORRENTE DA NÃO-CONCESSÃO DO REPOUSO SEMANAL REMUNERADO EMPREGADO DOMÉSTICO VIOLAÇÃO DO ART. 7º, XV E PARÁGRAFO ÚNICO, NÃO CONFIGURADA – Não se constata violação do art. 7º, XV e Parágrafo Único, da Constituição Federal, na medida em que esses dispositivos garantem, tão-somente, a concessão de repouso semanal remunerado, preferencialmente aos domingos, benefício, inclusive, estendido aos domésticos. A matéria relativa à dobra decorrente da não concessão do benefício está afeta à legislação infraconstitucional, ou seja, a aplicação ou não da Lei n. 605/49 aos domésticos, cuja análise, por esta Corte, encontra óbice no disposto no art. 896, § 6º, da CLT. Agravo de instrumento não provido.[14]

> REPOUSO REMUNERADO: TRABALHADOR DOMÉSTICO. REPOUSO SEMANAL REMUNERADO. Ainda que não exista na atual, da Constituição Federal, no art. 7º, inciso XV e parágrafo único, ou em lei ordinária, previsão expressa do direito às dobras dos domingos laborados, no tocante aos domésticos, entendo que o dispositivo constitucional em questão comporta interpretação extensiva, pois a intenção deduzida da lei era mais ampla do que o texto legal. Assim, torna-se viável a remessa à legislação infraconstitucional, que prevê o pagamento em dobro do descanso semanal remunerado pelo labor aos domingos.[15]

Para corrigir o imbróglio que perdurou por quase duas décadas, o legislador utilizou a Lei n. 11.324/06, para banir do mundo jurídico a alínea "a" do art. 5º da Lei n. 605/49, tornando ainda mais cristalino o direito ao descanso semanal remunerado paro os empregados domésticos.

Ressalte-se que o empregado que faz *jus* ao repouso semanal remunerado, quando for demitido sem justa causa, deverá incluir no cálculo da indenização o repouso semanal remunerado, bem como no caso de indenização por acidente de trabalho, conforme previsão nas Súmulas 462 e 464 do STF. Vejamos:

> STF 462 — No cálculo da indenização por despedida injusta inclui-se, quando devido, o repouso semanal remunerado.

> STF 464 — No cálculo da indenização por acidente do trabalho inclui-se, quando devido, o repouso semanal remunerado.

É importante destacar que o empregado que não trabalhou durante todos os dias da semana anterior, descumprindo parcialmente sua jornada de traba-

---

(14) TST — AIRR 936/2002-014-04-40.6 – 4ª T. – Rel. Juiz Conv. José Antonio Pancotti – *DJU* 11.11.2005.
(15) TST — RR 707066/2000 – 3ª Turma — Rel. Juiz Conv. Cláudio Couce De Menezes — *DJU* 03.12.2004.

lho, não faz *jus* ao pagamento do repouso semanal remunerado, conforme prevê o art. 6º da Lei n. 605/49, agora aplicável aos domésticos. Vejamos:

> Art. 6º Não será devida a remuneração quando, sem motivo justificado, o empregado não tiver trabalhado durante toda a semana anterior, cumprindo integralmente o seu horário de trabalho.

Em suma, tais previsões acerca da proteção ao repouso semanal remunerado se fundamentam na vital importância do trabalhador ter um dia destinado ao descanso e ao convívio social, com familiares, amigos, etc.

XVI — remuneração do serviço extraordinário superior, no mínimo, em cinqüenta por cento à do normal;

Novamente estamos diante de uma situação em que o empregado em situação diversa da situação normal de trabalho faz direito a um adicional, que, no caso, será de no mínimo 50% superior ao valor da hora normal trabalhada.

No entanto, conforme abordado no inciso IX, que trata do direito ao adicional noturno, os empregados domésticos não foram contemplados com nenhum dos adicionais previstos no art. 7º da Carta Magna de 1988. Aqui, isto se dá em virtude de não ter sido garantido aos domésticos o direito à jornada de trabalho prevista no inciso XIII. Por isso, não faz *jus* à remuneração adicional prevista neste inciso.

XVII — *Gozo de férias anuais remuneradas com, pelo menos, um terço a mais do que o salário normal;*

O constituinte garantiu ao trabalhador doméstico o direito a férias anuais remuneradas com, pelo menos, um terço a mais do que o salário normal, da mesma forma que é garantido aos trabalhadores celetistas. Contudo, a regulamentação quanto ao período de gozo dessas férias ficou vinculada à categoria, ou seja, o celetista sempre teve garantia de férias anuais de 30 dias corridos, respeitando o princípio da proporcionalidade previsto no art. 130 da CLT; já o doméstico tinha direito a 20 dias úteis de férias conforme legislação pertinente (Lei n. 5.859/72 e Decreto n. 71.885/73), o que serviu de palco para calorosos debates.

A celeuma jurídica concernente à duração das férias do doméstico e do trabalhador celetista perdurou por anos e anos. A tentativa de solução desse imbróglio veio exatamente com a Lei n. 11.324/06, entretanto, a nosso ver, a nova legislação gerou outra situação polêmica, conforme abordaremos mais adiante no tópico reservado para analisar as alterações impostas pela Lei n. 11.324/06.

De qualquer forma, independentemente da questão referente à duração das férias, é certo que tanto o doméstico quanto o celetista fazem *jus* à remuneração do terço legal.

XVIII — *Licença à gestante, sem prejuízo do emprego e do salário, com a duração de cento e vinte dias;*

A licença-gestante é um direito estendido às trabalhadoras domésticas, e se traduz no tempo em que a mãe tem para dedicar a seu filho, em seus primeiros meses de vida, sem prejuízo do emprego e do salário, amamentando-o corretamente, dando-lhe carinho. Também é o período em que se recupera fisicamente, para voltar às suas atividades laborais normais, portanto, nada mais justo que garantir esse direito a toda empregada, seja celetista ou doméstica.

No que tange ao salário, a Emenda Constitucional n. 20, de 15 de dezembro de 1998, trouxe em seu art. 14 limites quanto ao valor do benefício a ser pago à mãe durante a licença-gestante.

Diante dessa situação, o Partido Socialista Brasileiro (PSB) propôs a Ação Direta de Inconstitucionalidade n. 1.946, na qual os Ministros do Supremo Tribunal Federal tiveram o seguinte entendimento:

EMENTA: — DIREITO CONSTITUCIONAL, PREVIDENCIÁRIO E PROCESSUAL CIVIL. LICENÇA-GESTANTE. SALÁRIO. LIMITAÇÃO. AÇÃO DIRETA DE INCONSTITUCIONALIDADE DO ART. 14 DA EMENDA CONSTITUCIONAL N. 20, DE 15.12.1998. ALEGAÇÃO DE VIOLAÇÃO AO DISPOSTO NOS ARTS. 3º, IV, 5º, I, 7º, XVIII, E 60, § 4º, IV, DA CONSTITUIÇÃO FEDERAL. 1. O legislador brasileiro, a partir de 1932 e mais claramente desde 1974, vem tratando o problema da proteção à gestante, cada vez menos como um encargo trabalhista (do empregador) e cada vez mais como de natureza previdenciária. Essa orientação foi mantida mesmo após a Constituição de 05.10.1988, cujo art. 6º determina: a proteção à maternidade deve ser realizada "na forma desta Constituição", ou seja, nos termos previstos em seu art. 7º, XVIII: "licença à gestante, sem prejuízo do empregado e do salário, com a duração de cento e vinte dias". 2. Diante desse quadro histórico, não é de se presumir que o legislador constituinte derivado, na Emenda 20/98, mais precisamente em seu art. 14, haja pretendido a revogação, ainda que implícita, do art. 7º, XVIII, da Constituição Federal originária. Se esse tivesse sido o objetivo da norma constitucional derivada, por certo a E.C. n. 20/98 conteria referência expressa a respeito. E, à falta de norma constitucional derivada, revogadora do art. 7º, XVIII, a pura e simples aplicação do art. 14 da E.C. 20/98, de modo a torná-la insubsistente, implicará um retrocesso histórico, em matéria social-previdenciária, que não se pode presumir desejado. 3. Na verdade, se se entender que a Previdência Social, doravante, responderá apenas por R$1.200,00 (hum mil e duzentos reais) por mês, durante a licença da gestante, e que o empregador responderá, sozinho, pelo restante, ficará sobremaneira, facilitada e estimulada a opção deste pelo trabalhador masculino, ao invés da mulher trabalhadora. Estará, então, propiciada a discriminação que a Constituição buscou combater, quando proibiu diferença de salários, de exercício de funções e de critérios de admissão, por motivo de sexo (art. 7º, inc. XXX, da C.F./88), proibição, que, em substância, é um desdobramento do princípio da igualdade de direitos, entre homens e mulheres, previsto no inciso I do art. 5º da Constituição Federal. Estará, ainda, conclamado o empregador a oferecer à mulher trabalhadora, quaisquer que sejam suas aptidões, salário nunca superior a R$1.200,00, para não ter de responder pela diferença. Não é crível que o constituinte derivado, de 1998, tenha chegado a esse ponto, na chamada Reforma da Previdência Social, desatento a tais conseqüências. Ao menos não é de se presumir que o tenha feito, sem o dizer expressamente, assumindo a grave responsabilidade. 4. A convicção firmada, por ocasião do deferimento da Medida Cautelar, com adesão de todos os demais Ministros, ficou agora, ao ensejo deste julgamento de mérito, reforçada substancialmente no parecer da Procuradoria Geral da República. 5. Reiteradas as considerações feitas nos votos, então proferidos, e nessa manifestação do Ministério Público federal, a Ação Direta de Inconstitucionalidade é julgada procedente, em parte, para se dar, ao art. 14 da Emenda Constitucional n. 20, de 15.12.1998, interpretação conforme à Constituição, excluindo-se sua aplicação ao salário da licença gestante, a que se refere o art. 7º, inciso XVIII, da Constituição Federal. 6. Plenário. Decisão unânime.[16]

Destarte, a empregada que estiver de licença-maternidade terá direito a seu salário integral, enquanto durar a licença.

No caso específico da empregada doméstica, o benefício será pago pela Previdência Social via rede bancária.

Caso o empregador não tenha procedido à devida anotação do contrato de trabalho na Carteira de Trabalho e Previdência Social — CTPS da empregada doméstica, ato considerado *condictio sine qua non* para pagamento do benefício pelo Instituto Nacional de Previdência Social – INSS, o empregador deverá arcar integralmente com o salário-maternidade, conforme se pode verificar em julgado da Corte Maior trabalhista. Vejamos:

RECURSO DE REVISTA — EMPREGADA DOMÉSTICA — SALÁRIO MATERNIDADE — INEXISTÊNCIA DOS RECOLHIMENTOS PREVIDENCIÁRIOS — Tendo em vista que a ausência de assinatura na carteira de trabalho da empregada atua como fato impeditivo de a autora perceber o benefício previdenciário relativo ao salário-maternidade, cabe ao empregador o pagamento de indenização correspondente ao salário-maternidade devido a empregada doméstica gestante, quando este a dispensa sem justa causa. Recurso não conhecido.[17]

Há que se ressaltar que, no caso de adoção ou guarda judicial para fins de adoção, é devido o salário-maternidade, observando-se a Lei n. 10.421, de 15 de abril de 2002, se a adoção ou o termo de guarda judicial para fins de adoção for igual ou posterior à publicação da lei.

O art. 395 da CLT garante que no caso de aborto não criminoso, comprovado por atestado médico, é devido à empregada um repouso remunerado correspondente a duas semanas, devendo ser requerido na Agência da Previdência Social.

---

(16) STF — Pleno — ADI 1.946/DF — Medida liminar — Rel. Min. Sydney Sanches, DJ 16.05.03.
(17) TST — RR 783.140/2001.1/5ª R. — 1ª T. - Rel. Min. Vieira de Mello Filho – *DJU* 26.05.2006.

XIX — *Licença-paternidade, nos termos fixados em lei;*

A licença-paternidade também garantida aos empregados domésticos é de cinco dias, conforme previsto no § 1º do art. 10 dos Atos das Disposições Constitucionais Transitórias, até que seja editada lei que venha disciplinar o assunto, vejamos:

Art. 10 — Até que seja promulgada a lei complementar a que se refere o Art. 7º, I, da Constituição:

[...]

§ 1º — Até que a lei venha a disciplinar o disposto no Art. 7º, XIX, da Constituição, o prazo da licença-paternidade a que se refere o inciso é de cinco dias.

Não há como negar a importância desse direito ao trabalhador seja doméstico seja celetista, visto tratar-se de período essencial para organização familiar em todos os sentidos, desde o registro do filho à preparação do lar para acolher mãe e filho.

XX — proteção do mercado de trabalho da mulher, mediante incentivos específicos, nos termos da lei;

O Brasil teve Constituições, como a de 1946, tratadas como democráticas, tendo em vista o fato de ter sido editada por meio de Assembléia Nacional Constituinte; contudo, indubitavelmente, a Carta Magna de 1988 é a mais democrática de toda a história de nosso País, porque se alicerça nos direitos fundamentais do ser humano.

Diante disso, percebemos que houve uma tentativa do legislador constituinte em diminuir as diferenças, promovendo a igualdade entre homens e mulheres, o que, na prática, ainda não se efetivou.

O inciso XX da Constituição de 1988 é, sem dúvida, um desses exemplos de busca de igualdade entre os sexos, quando visa a resguardar a mulher em relação ao mercado de trabalho; outro exemplo a ser citado é o inciso XXX, que proíbe a diferença de salários por motivos de sexo, idade, cor ou estado civil.

É certo que se o direito ao trabalho previsto no art. 6º da Constituição Federal fosse efetivamente aplicado, não haveria sequer necessidade da inserção do inciso sob debate. Contudo, sabemos que nossa realidade é de um país com altíssimo índice de desemprego e, diante disso, conforme ensina o professor *Oris de Oliveira, quando há pouca oferta de trabalho o desemprego não age aleatoriamente, mas atinge as pessoas mais vulneráveis, entre elas o jovem, que passam a ser vítimas de exclusão do emprego e conseqüentemente da sociedade assalariada*[18].

---

(18) OLIVEIRA, Oris de. *Trabalho e profissionalização do jovem.* São Paulo: LTr, 2004. p. 12.

Além do jovem que o eminente professor cita em sua obra, a mulher é, sem dúvida, outro exemplo de trabalhadores vítimas de exclusão do emprego, o que, de certa forma, explica a inserção do inciso XX na Constituição de 1988, o que causa estranheza é o fato da referida garantia constitucional sob análise não ter sido estendida às trabalhadoras domésticas, tendo em vista que a empregada doméstica necessita do trabalho tanto quanto a trabalhadora celetista.

Na prática, percebemos que a principal forma que o trabalhador tem de ver seus direitos alcançados é por meio da luta coletiva, o que, no caso da doméstica, é um obstáculo a ser vencido, visto que a própria natureza do trabalho é extremamente individual.

As poucas mobilizações sindicais existentes no País ainda não têm força suficiente para postular direitos, inclusive por falta de embasamento constitucional que o legislador constituinte não garantiu à categoria dos domésticos o reconhecimento das convenções e acordos coletivos, o que abordaremos mais adiante.

Assim, há que se fazer uma crítica severa ao legislador constituinte por não ter garantido à mulher doméstica o direito à proteção ao mercado de trabalho, mediante incentivos específicos, tendo em vista que a doméstica, em incontáveis casos, assume o papel de total provedora do lar, necessitando do trabalho para seu sustento e de sua família.

XXI — *Aviso prévio proporcional ao tempo de serviço, sendo no mínimo de trinta dias, nos termos da lei;*

Conforme leciona *Delgado* (2007), o instituto do aviso prévio provém dos campos civil e comercial do Direito, sendo característica peculiar dos contrato de trabalho por prazo indeterminado, visando a que a parte surpreendida tenha um período para ajustar a situação gerada, com o fim da relação de emprego.

O instituto foi incorporado pelo Direito do Trabalho em especial para as situações de resilição do contrato empregatício por iniciativa do empregador ou do empregado; posteriormente, teve sua abrangência ampliada, em face de certa avaliação de eqüidade, atingindo, desse modo, a situação de resolução culposa do contrato em decorrência de infração do empregador.[19]

Interessante salientarmos que o avisar previamente a outra parte sobre o fim da relação empregatícia compete não somente ao empregador, mas também ao empregado, com a finalidade de que o fornecedor do serviço possa proceder à contratação de outra pessoa para substituir quem motiva a rescisão contratual.

---

(19) DELGADO, Mauricio Godinho. *Curso de direito do trabalho*. 6. ed. São Paulo: LTr, 2007. p. 1173.

É sabido que um dos princípios do Direito do Trabalho é o princípio da irrenunciabilidade dos direitos trabalhistas, visando a garantir ao empregado que o empregador não o force a renunciar qualquer dos direitos previstos na legislação brasileira. Diante disso, o Tribunal Superior do Trabalho – TST, firmou a irrenunciabilidade do direito ao aviso prévio, por meio da Súmula 276, Vejamos:

N. 276 — AVISO PRÉVIO. RENÚNCIA PELO EMPREGADO.

O direito ao aviso prévio é irrenunciável pelo empregado. O pedido de dispensa de cumprimento não exime o empregador de pagar o respectivo valor, salvo comprovação de haver o prestador dos serviços obtido novo emprego.[20]

No que tange à categoria dos trabalhadores domésticos, o direito ao aviso prévio foi outra garantia constitucional que lhe foi reservada. Acontece, que as regras que disciplinam o instituto do aviso prévio estão dispostas na Consolidação das Leis Trabalhistas — CLT, em seus arts. 487 a 491, o que, conseqüentemente não se aplica aos trabalhadores domésticos, tendo em vista a regra do art. 7º, alínea "a" daquela consolidação de leis.

Um dos direitos garantidos ao empregados celetistas pelo instituto do aviso prévio, é que, em caso de demissão promovida pelo empregador, o empregado terá direito a uma redução de duas horas na jornada de trabalho, sem prejuízo do salário integral ou, ainda, o empregado pode trabalhar sem redução da jornada, porém, com redução do tempo de cumprimento do aviso em sete dias, caso de empregados que recebem por quinzena ou mensalmente.[21]

Assim, temos observado constantemente em nossos Tribunais trabalhistas a luta dos empregados domésticos para terem resguardados esse direito, o que não tem sido o entendimento de nossos julgadores. Vejamos:

> Empregado Doméstico — Aviso Prévio — Em princípio, a redução da jornada em duas horas, durante o prazo do aviso prévio, não se aplica ao empregado doméstico, tendo em vista que este não sofre nenhum controle de horário, ainda mais se este presta serviços em sítio de recreio, longe do controle direto do empregador.[22]

> EMPREGADA DOMÉSTICA — AVISO PRÉVIO — REDUÇÃO DA JORNADA DURANTE O PRAZO DAQUELA NOTIFICAÇÃO — NÃO-RECONHECIMENTO — Trabalhador doméstico cujos direitos são restritos àqueles expressos na Lei n. 5.859/72, que assegura sua condição de sujeito previdenciário, com direito ao registro do contrato na carteira de trabalho, e, ainda, àqueles expressamente arrolados na regra do parágrafo

---

(20) Súmula mantida pelo TST por meio da Res. 121/2003, DJ 19, 20 e 21.11.2003.
(21) A previsão de redução de jornada ou de tempo de cumprimento do aviso prévio encontra-se no *caput* e § único do art. 488 da CLT.
(22) TRT 2ª R. — RO 00233200341102009 — Ac. 20040690843 — 5ª T. — Rel. Juiz Fernando Antonio Sampaio da Silva — *DOESP* 14.01.2005.

único do art. 7º, da Constituição Federal de 1988. Jornada de trabalho do trabalhador doméstico não especificada em lei, não se podendo, em decorrência, aplicar aos domésticos a regra que assegura a redução de horário no curso do aviso prévio, art. 488 da CLT. Inexistência de atraso no pagamento das parcelas rescisórias que afasta a incidência da multa do art. 477 da CLT. Sentença que se mantém, ainda que por fundamentos diversos. Apelo a que se nega provimento.[23]

Situação parecida a que ora analisamos, é a do direito ao repouso semanal remunerado antes do advento da Lei n. 11.324/06, que revogou expressamente a alínea "a" do art. 5º da Lei n. 605/49, pois, como vimos anteriormente, o direito ao repouso semanal remunerado era garantido constitucionalmente aos domésticos, porém, havia obste à sua efetividade, tendo em vista que a alínea "a" do referido art. 5º excluía essa categoria de trabalhadores.

Aqui, a nosso ver, ocorre o mesmo, pois não há o direito absoluto ao instituto do aviso prévio, mas apenas o direito relativo, face a sua aplicabilidade parcial ao empregado doméstico.

O aviso prévio é uma obrigação de ambas as partes do contrato de trabalho, ou seja, caso o empregado não tenha mais interesse em trabalhar é obrigado a pré-avisar sua decisão com, no mínimo, 30 dias de antecedência; caso contrário, o empregado terá que pagar ao empregador o valor referente a um mês de trabalho.

Com o empregador não é diferente, caso não queira mais os serviços do empregado deve avisá-lo com a antecedência prevista em lei, sendo que sua omissão acarretará a indenização ao empregado da verba referente a 30 dias do seu salário.

O aviso prévio deverá ser por escrito e o período de trabalho referente ao aviso prévio reflete sobre férias e 13º salário.

> XXII — redução dos riscos inerentes ao trabalho, por meio de normas de saúde, higiene e segurança;

As normas de saúde, higiene e segurança do trabalho são direcionadas a trabalhadores que laboram com risco de prejuízos a sua saúde ou, até mesmo, à própria vida. O risco pode ser iminente, como no caso dos trabalhos perigosos (rede elétrica, explosivos, trabalho em altura, etc.), ou, ainda, a longo prazo, como ocorre geralmente com os trabalhos insalubres (substâncias químicas, temperaturas extremadas, exposição a ruídos, radioatividade, etc.), nos quais as conseqüências danosas, em geral, surgem depois de longo período exposto àquele tipo de trabalho.

---

(23) TRT 4ª R. — Ac. 01200.901/99-1 RO — 1ª T — Relª. Juíza Magda Barros Biavaschi — *DOERS* 12.11.2001.

Um exemplo desse tipo de proteção ao trabalhador é a Norma Regulamentadora n. 15 do Ministério do Trabalho e Emprego — MTE, que trata das atividades e operações consideradas insalubres, bem como versa sobre os graus de insalubridade, que podem ser classificados em máximo, médio e mínimo, garantido ao empregado acréscimo salarial de 40 por cento, 20 por cento e 10 por cento.

No caso dos trabalhadores domésticos, assim considerados aqueles que laboram no âmbito residencial das famílias, encontramos vários profissionais desenvolvendo a atividade, tais como, mordomos, cozinheiros, governantas, babás, lavadeiras, jardineiros, copeiros, etc.

Assim, quando essas funções são executadas estritamente nos termos da legislação que norteia essa categoria de trabalhadores, observa-se que, em regra, os riscos mais comuns estão relacionados a trabalho em altura, que geralmente ocorre em limpeza de janelas e sacadas em edifícios, risco de queimaduras e, também, exposição a alguns agentes nocivos à saúde do trabalhador, que podem ser físicos, químicos ou biológicos.

Destarte, indubitavelmente, algumas atividades domésticas levam o empregado a um contato direto com microorganismos, que podem estar presentes principalmente em instalações sanitárias e no lixo da residência.

Vale ressaltar que em regra o contato rápido com o lixo doméstico não é considerado nocivo à saúde do trabalhador, contudo, o que efetivamente deve ser observado é o que compõe esse lixo. Dependendo dos agentes biológicos que neles se encontram, sem dúvida alguma, poderão causar danos à saúde do trabalhador, o que inclusive já foi tema debatido na Corte Superior trabalhista. Vejamos:

> ADICIONAL DE INSALUBRIDADE — LIMPEZA DE SANITÁRIOS E RECOLHIMENTO DE LIXO DOMÉSTICO — A distinção de lixo urbano e lixo domiciliar não se prende ao local onde ele se encontra. É até possível encontrar-se em lixo domiciliar um gravame maior do que determinado lixo urbano. O que o define é o agente biológico nele contido, o que restou caracterizado pelo laudo pericial. Recurso de Revista conhecido e provido.[24]

Assim, mesmo não sendo reservados aos domésticos os direitos previstos no inciso em comento, não há dúvidas de que no exercício de algumas dessas atividades ora citadas, o empregador deve observar algumas condutas básicas, que visam à saúde e ao bem-estar do empregado, como o fornecimento de luvas, botas de borracha, máscaras, se for necessário, e, ainda, garantir que o doméstico utilize apenas produtos químicos fabricados especificamente para o uso doméstico.

> XXIII — adicional de remuneração para as atividades penosas, insalubres ou perigosas, na forma da lei;

---

(24) TST — RR 672652 — 2ª T. — Rel. Min. José Luciano de Castilho Pereira – *DJU* 13.08.2004.

Conforme vimos na abordagem do inciso anterior, os trabalhos considerados perigosos ou insalubres devem obrigatoriamente ter normas específicas que garantam a redução dos riscos para o trabalhador.

Demais dessas normas de proteção, nossa legislação pátria cuida de garantir direito a adicionais para os trabalhadores que desempenhem essas atividades laborais de forma considerada mais gravosa ao ser humano, a exemplo, o trabalho com explosivos, determinados produtos químicos, rede elétrica, trabalho noturno, ou seja, atividades em condições que extrapolam o previsto na regra geral e, de alguma forma, colocam em risco a saúde e a vida do trabalhador.

No caso específico do empregado doméstico, quando suas atividades são executadas estritamente na forma prevista em sua legislação, não são consideradas penosas, insalubres ou perigosas, o que conseqüentemente não o coloca em situação de receber o direito previsto no inciso em comento.

XXIV — *Aposentadoria*[25];

A aposentadoria foi outro direito garantido, constitucionalmente, aos empregados domésticos e poderá ser por invalidez, quando o trabalhador doente ou acidentado é considerado incapacitado para o trabalho; por idade, concedida ao trabalhador que atinge a idade mínima[26] necessária para receber o benefício; e, por tempo de contribuição, modalidade em que a Previdência Social leva em conta o tempo de contribuição[27].

Vejamos abaixo a Tabela de Contribuição dos segurados empregados, dos empregados domésticos inscritos na Previdência Social, atualizada até 1º de março de 2008, conforme Portaria Interministerial MPS/MF n. 77, de 11 de março de 2008, publicada no Diário Oficial da União em 12/03/2008.[28]

SALÁRIO-DE-CONTRIBUIÇÃO (R$)	ALÍQUOTA PARA FINS DE RECOLHIMENTO AO INSS (%)
até 911,70	8,00
de 911,71 até 1.519,50	9,00
de 1.519,51 até 3.038,99	11,00

---

(25) Nos anexos desta obra encontra-se a relação de documentos solicitados pela Previdência Social para aposentadoria do empregado doméstico.
(26) Atualmente, no Brasil, a idade para aposentadoria pela Previdência Social é de 60 (sessenta) anos para mulheres e de 65 (sessenta e cinco) anos para homens.
(27) Na aposentadoria por tempo de contribuição, deve-se observar o tempo mínimo de 30 (trinta) anos para mulheres e 35 (trinta e cinco) anos para homens.
(28) Disponível em < http://www81.dataprev.gov.br/sislex/paginas/65/MF-MPS/2008/77.htm> Acesso em: 07 abr. 2008.

Por óbvio, somente terá direito à aposentadoria o empregado que estiver inscrito no programa de Previdência Social do governo, observadas as regras para cada tipo de aposentadoria. Preenchidos esses requisitos básicos, os trabalhadores, inclusive os domésticos, farão *jus* à aposentadoria.

Infelizmente, o que ocorre, na prática, é que grande parte dos trabalhadores domésticos exercem sua atividade na informalidade, ou seja, sem anotação na Carteira de Trabalho e Previdência Social, e, conseqüentemente, não são inscritos no programa de Previdência Social, fato que lhes retira o direito à aposentadoria, o que indubitavelmente é uma usurpação à sua cidadania e dignidade.

XXV — assistência gratuita aos filhos e dependentes desde o nascimento até 5 (cinco) anos de idade em creches e pré-escolas; *(Redação dada pela Emenda Constitucional n. 53, de 2006)*

No inciso em análise, o legislador constituinte cuidou de garantir aos trabalhadores urbanos e rurais o direito à assistência gratuita aos filhos e dependentes em creches e pré-escolas desde o nascimento até os seis anos de idade. Contudo, a Emenda Constitucional n. 53, de 19 de dezembro de 2006, alterou a redação do presente inciso, reduzindo a idade máxima de assistência aos filhos e dependentes para cinco anos.

Felizmente, o direito em questão vai além das garantias reservadas aos trabalhadores urbanos e rurais, tendo em vista tratar-se de uma garantia legal reservada a todas as crianças brasileiras, com previsão expressa na Lei n. 8.069, de 13 de julho de 1990, que dispõe sobre o Estatuto da Criança e do Adolescente — ECA, que no art. 54, IV, prevê o direito a creches e pré-escolas para todas as crianças.

Diante dessa prerrogativa reservada às crianças brasileiras, é sabido que o governo federal, os governos estaduais e municipais, ainda que de maneira deficitária, precária e muito aquém do esperado, tentam garantir a todas as crianças o direito em destaque, sem distinção de quais trabalhadores farão *jus* ao respectivo direito social.

Destarte, conclui-se que o direito em destaque fica reservado aos filhos dos trabalhadores domésticos, face ao disposto no Estatuto da Criança e do Adolescente, pois, como vimos, trata-se de um direito reservado a toda criança que se encontre na faixa etária prevista legalmente.

Entretanto, faz-se necessário expressar o quão inacreditável é o fato de que a categoria dos trabalhadores domésticos, composta por milhões de trabalhadores[29], representando uma grande parte da classe operária do Brasil, mo-

---

(29) De acordo com dados do DIEESE, extraídos da Nota Técnica n. 25, de junho de 2006, no ano de 2004, o Brasil tinha 6,5 milhões de empregados domésticos, dos quais 1,6 milhão possuíam registro em carteira. Disponível em <http://www.dieese.org.br/notatecnica/nota.xml> Acesso em: 16 ago. 2007.

vimentam a economia, pagam impostos, e apesar de tudo isso, não tiveram esse direito basilar garantido no rol dos direitos reservados à sua categoria.

O legislador constituinte, ao não incluir os filhos dos trabalhadores domésticos do apanágio previsto no inciso em comento, deixa transparecer um tratamento diferenciado a essas crianças, ferindo frontalmente os princípios básicos, que norteiam uma Constituição democrática, como se pretende a Constituição da República Federativa do Brasil.

XXVI — reconhecimento das convenções e acordos coletivos de trabalho;

O Direito Coletivo do Trabalho é pretérito ao próprio Direito do Trabalho; com a Revolução Industrial, ocorrida na Inglaterra, no século XVIII, vieram conseqüências muito significativas para trabalhadores, destacando-se jornadas de trabalho extenuantes, exploração do trabalho da mulher e do menor, desemprego, baixos salários, enfim, os trabalhadores se viam em meio ao caos social, sem perspectivas de melhora, fazendo com que a classe operária começasse a se organizar, o que posteriormente daria origem aos sindicatos, que segundo *Diniz*[30], *"é a associação civil que visa à defesa dos direitos e interesses coletivos ou individuais da categoria econômica ou profissional específica, inclusive em questões jurídicas ou administrativas."*

As organizações sindicais dos trabalhadores buscam defender os interesses da categoria profissional que representam, por meio de negociação que pode resultar em convenções ou acordos coletivos.

No Brasil temos que convenção coletiva é o acordo de caráter normativo pelo qual dois ou mais sindicatos representativos de categorias econômicas e profissionais estipulam condições de trabalho aplicáveis, no âmbito das respectivas representações, às relações individuais de trabalho. Já o acordo coletivo é a opção resguardada a sindicatos representativos de categorias profissionais de celebrar acordos coletivos com uma ou mais empresas da correspondente categoria econômica, estipulando condições de trabalho, aplicáveis no âmbito da empresa ou das empresas acordantes, às respectivas relações de trabalho[31].

As conquistas dos direitos sociais são, indubitavelmente, resultado das lutas de classes operárias que ao longo da história se uniram para garantir direitos mínimos, como jornada diária de trabalho de oito horas, repouso semanal remunerado, férias e tantos outros direitos sociais.

Sabe-se que muitas vidas se perderam nessas lutas entre empregados e empregadores, mas, tudo com objetivo maior de melhorar as condições de vida dos trabalhadores.

---

(30) DINIZ, Maria Helena. *Dicionário jurídico*. v. 4. São Paulo: Saraiva, 1998. p. 350.
(31) Essa é a definição jurídica de Convenções e Acordos Coletivos de Trabalho retirada do *caput* e § 1º do art. 611 da CLT.

No caso específico dos empregados domésticos, trata-se de uma categoria em que os trabalhadores, de um modo geral, têm pouco contato uns com os outros, o que dificulta a união da classe, diminuindo, conseqüentemente, as chances de mobilização, de formação de sindicatos e de luta pelos seus direitos sociais.

Hodiernamente, sabemos que a categoria dos trabalhadores domésticos já tem alguns sindicatos espalhados pelo Brasil, contudo, parece, ainda, muito distante o momento em que essa categoria de operários irá se igualar em direitos aos demais trabalhadores.

Ocorre que a definição jurídica brasileira de convenções e acordos coletivos é norteada por acordos celebrados entre representantes da classe trabalhadora e de categorias econômicas (empregadores), o termo categoria econômica, utilizado no *caput* e § 1º do art. 611 da CLT, automaticamente exclui os trabalhadores domésticos da possibilidade de celebração de convenções e acordos coletivos, visto ser uma atividade exclusivamente no âmbito residencial das famílias, sem finalidade lucrativa.

Assim, conclui-se que, ainda que organizados em sindicatos, pela definição legal de convenções e acordos coletivos, os trabalhadores domésticos sequer podem celebrar tais acordos, tendo em vista que seus empregadores não pertencem à categoria econômica.

Portanto, percebe-se que a impossibilidade jurídica ora abordada sequer permite a celebração de convenção ou acordo coletivo e, ainda que na mais remota hipótese fosse celebrado, qualquer documento nesse sentido seria inócuo, visto que a garantia prevista no inciso em comento não foi estendida aos domésticos. Sobre o tema temos manifestação do Tribunal Superior do Trabalho, vejamos:

> DISSÍDIO COLETIVO — SINDICATO DE TRABALHADORES DOMÉSTICOS — IMPOSSIBILIDADE JURÍDICA — A categoria dos trabalhadores domésticos é, ainda, uma categoria limitada no que tange a direitos coletivos e individuais, não lhe tendo sido assegurado, no que tange àqueles, o reconhecimento dos acordos e convenções coletivas (art. 7º, parágrafo único, da Carta Magna), que afasta, por incompatibilidade lógica, a possibilidade de negociação coletiva e, finalmente, de chegar-se ao estágio final do ajuizamento da ação coletiva (art. 114, § 2º).[32]

Destarte, para que essa classe de trabalhadores consiga lutar de forma mais consistente pela conquista de seus direitos, percebe-se que um dos principais direitos a lhes serem garantidos é o direito de celebrar convenções e acordos coletivos, e, por conseqüência, o reconhecimento destes instrumentos.

---

(32) TST — RO-DC 112.868/94.7 — Ac. SDC 1.271/94 — Rel. Min. Manoel M. de Freitas — *DJU* 25.11.94.

XXVII — proteção em face da automação, na forma da lei;

A questão da proteção face à automação foi recepcionada pela Constituição por questões históricas, que demonstram o perigo de altos índices de desemprego, face a automação nas frentes de trabalho.

A questão da automação é um problema para os trabalhadores desde a Revolução Industrial ocorrida na Inglaterra no século XVIII, quando surgiram as máquinas a vapor, que reduziram consideravelmente a necessidade de trabalhadores nas fábricas.

Hodiernamente, com o avanço tecnológico, o assunto é, sem dúvida alguma, mais patente do que naquele momento da história, que assombra os trabalhadores de um modo geral, afinal, é comum encontrarmos diversos trabalhadores apenas auxiliando na utilização de máquinas, como no exemplo clássico das instituições financeiras.

Entretanto, esta foi mais uma proteção não estendida aos trabalhadores domésticos, em função das peculiaridades de sua atividade, exercida no âmbito residencial das famílias, sem finalidade lucrativa.

XXVIII — seguro contra acidentes de trabalho, a cargo do empregador, sem excluir a indenização a que este está obrigado, quando incorrer em dolo ou culpa;

O Seguro de Acidentes de Trabalho — SAT tem a finalidade de indenizar o trabalhador, ou a sua família, quando este se fere, adoece, se torna deficiente ou vem a falecer durante o trabalho ou do seu trajeto ao local de trabalho ou vice-versa.

São cobertos pelo SAT o segurado empregado, o trabalhador avulso e o segurado especial, no exercício de suas atividades laborais.

O Ministério da Previdência Social reconhece como acidente de trabalho o *acidente típico, aquele* decorrente da atividade profissional desempenhada pelo acidentado, o *acidente de trajeto, que* ocorre no trajeto entre a residência e o local de trabalho do segurado, e vice-versa; *doença profissional ou do trabalho, assim considerada* aquela produzida ou desencadeada pelo exercício do trabalho peculiar a determinado ramo de atividade[33].

Nos termos previstos pelo Ministério da Previdência Social, percebe-se que a atividade laboral dos domésticos, indubitavelmente, enseja risco de acidentes de trabalho, inclusive no que diz respeito ao acidente de trajeto.

---

(33) Disponível em <http://www.mpas.gov.br/AEAT2003/12_08_01_01_02_01.asp> Acesso em: 20 ago. 2007.

Por essa razão, os movimentos sindicais dos trabalhadores domésticos vêm lutando para conquistar o direito ao seguro contra acidente de trabalho, direito este que também não foi garantido pelo legislador constituinte a essa categoria de trabalhadores.

Interessante destacar que o art. 19 da Lei n. 8.213/91 define como acidente de trabalho o que ocorre pelo exercício do trabalho a serviço da empresa ou pelo exercício do trabalho dos segurados referidos no inciso VII do art. 11 da mesma lei, excluídos os trabalhadores domésticos. Vejamos:

> Art. 19. Acidente do trabalho é o que ocorre pelo exercício do trabalho a serviço da empresa ou pelo exercício do trabalho dos segurados referidos no inciso VII do art. 11 desta Lei, provocando lesão corporal ou perturbação funcional que cause a morte ou a perda ou redução, permanente ou temporária, da capacidade para o trabalho.

Nossa legislação dispõe ainda que a contribuição para custeio dos benefícios do SAT fica a cargo das empresas e varia de 1% a 3%, considerando o grau de risco de acidente de trabalho na empresa (leve, médio ou grave)[34].

Destarte, como se pode observar, a legislação que norteia o SAT é totalmente voltada para empregados de corporações, com finalidade lucrativa, excluído o doméstico pela própria natureza de sua atividade.

> XXIX — ação, quanto aos créditos resultantes das relações de trabalho, com prazo prescricional de cinco anos para os trabalhadores urbanos e rurais, até o limite de dois anos após a extinção do contrato de trabalho;

A prescrição quanto aos créditos resultantes das relações de trabalho, prevista no rol de incisos do art. 7º da Carta Magna, revogou tacitamente o art. 11 da CLT, que dispõe prazo prescricional diferente entre trabalhadores urbanos e rurais.

O texto celetista dispõe em seu art. 11 que *o direito de ação quanto a créditos resultantes da relação de trabalho prescreve: em 5 (cinco) anos para o trabalhador urbano, até o limite de dois anos após a extinção do contrato e em 2 (dois) anos, após a extinção do contrato de trabalho, para o trabalhador rural.*

Por sua vez, nossa Lei Maior de 1988, fundamentada no princípio da isonomia entre os cidadãos, igualou expressamente os limites prescricionais para ação quanto aos créditos trabalhistas de trabalhadores urbanos e rurais.

Entretanto, o presente inciso também não figura no elenco de incisos discriminados no parágrafo único do art. 7º da CF, que dispõe sobre os direitos sociais garantidos constitucionalmente aos trabalhadores domésticos.

---

(34) Disposição legal prevista no art. 202 do Decreto n. 3.048, de 06 de maio de 1999.

Cumpre-nos salientar que a legislação própria dos trabalhadores domésticos, Lei n. 5.859/72 e Decreto Regulamentador n. 71.885/73, também não dispõem sobre o tema. Assim, com vistas ao princípio da proteção que norteia o Direito do Trabalho, poderíamos indagar se a melhor solução para o problema seria adotar a posição de que os créditos trabalhistas dos empregados domésticos são imprescritíveis.

Diante disso, resta claro que o legislador deixou uma lacuna na lei, visto que não cuidou de expressar o prazo prescricional para os domésticos intentarem com ação, quanto aos créditos resultantes da relação de trabalho.

Parece-nos que a tese da imprescritibilidade não seria a melhor solução. A doutrina e a jurisprudência têm se posicionado sobre o assunto e o Ministro *Delgado* (2007), demonstra, em sua obra, inúmeras posições acerca do tema e conclui expressando seu posicionamento no seguinte sentido:

O prazo prescricional aplicável ao contrato doméstico é aquele próprio ao trabalhador urbano, fixado pelo art. 7º, XXIX, da Constituição da República: cinco anos, até o limite de dois anos após a extinção do contrato (prazo estendido para o rurícola desde a EC 28/00)[35].(o itálico consta no original)

Mais adiante o autor arremata a sua tese, acrescentando o seguinte:

Ainda que se tratasse de integração jurídica, caberia concretizá-la valendo-se da norma jurídica situada em campo mais próximo ao integrado; portanto, caberia valer-se da norma constitucional especificada e não de qualquer outra revogada, ineficaz ou remotamente situada no âmbito do universo jurídico.[36]

Nessa mesma linha de pensamento encontramos a doutrina de *Barros* (2006), que assim discorre sobre o tema:

Filiamo-nos aos que entendem que a pretensão resultante da relação de trabalho doméstico está sujeita à prescrição a que se refere o art. 7º, XXIX, da Constituição da República de 1988, embora o citado artigo não inclua este item em seu parágrafo único, no qual arrola os direitos sociais atribuídos aos domésticos. Essa circunstância não afasta a aplicação do disposto no mencionado inciso ao doméstico, pois a prescrição não é direito social, mas perda da pretensão; logo, a boa técnica legislativa não autorizaria a inserção da prescrição no citado parágrafo único.[37]

No que tange à jurisprudência, podemos observar que a Corte Maior trabalhista, bem como os Tribunais regionais vêm pacificando entendimento na mesma linha que os autores ora citados. Vejamos os arestos a seguir:

---

(35) DELGADO (2007), *op. cit.*, p. 268/269.
(36) *Ibidem*, p. 269.
(37) BARROS, Alice Monteiro de. *Curso de direito do trabalho*. 2. ed. São Paulo: LTr, 2006. p. 1012.

PRESCRIÇÃO: PRESCRIÇÃO. TRABALHADOR DOMÉSTICO. PRAZO. O prazo prescricional de cinco anos até o limite de dois anos após a extinção do contrato de trabalho é critério geral, dirigido a todos os trabalhadores urbanos e rurais, inexistindo exceção expressa quanto aos trabalhadores domésticos. Recurso de revista conhecido e não provido.(...)[38]

EMPREGADO DOMÉSTICO — PRESCRIÇÃO. A prescrição aplicável aos empregados domésticos é prevista no art. 7º, inciso XXIX, da Constituição da República, que deve ser aplicado por analogia, pois o supracitado dispositivo abrange todos os empregados, rurais ou urbanos. Recurso de Revista conhecido e provido para extinguir o processo com julgamento do mérito, nos termos do art. 269, inciso IV, do CPC.[39]

PRESCRIÇÃO: DOMÉSTICO — PRESCRIÇÃO — O parágrafo único do art. 7º. da Carta Política cuida da equiparação aos domésticos de alguns dos direitos sociais assegurados aos trabalhadores urbanos e rurais, sendo certo que o inciso XXIX do artigo em comento se aplica à categoria dos empregados domésticos por não se tratar de direito social, mas sim de questão de ordem prescricional, matéria esta inerente à segurança das relações jurídicas, que visa a paz social.[40]

EMPREGADA DOMÉSTICA. INSTITUTO DA PRESCRIÇÃO. Art. 7º, inciso XXIX, da Constituição Federal. A despeito da discussão travada na doutrina e na jurisprudência acerca da prescrição a ser adotada para o trabalhador do âmbito doméstico, o entendimento desta Turma Julgadora é de que a prescrição é àquela aplicável a todos os trabalhadores urbanos e rurais prevista no art. 7º, inciso XXIX da Constituição Federal. Recurso provido.[41]

PRESCRIÇÃO — EMPREGADO DOMÉSTICO — APLICABILIDADE — Ao empregado doméstico aplicam-se os ditames contidos no inciso XXIX, alínea "a", da CF.[42]

Entendemos que a solução escolhida pela maioria doutrinária e jurisprudencial é a mais coerente, visto que, conforme abordamos anteriormente, a Constituição Republicana de 1988 prima pela igualdade entre os cidadãos e, conseqüentemente, entre os trabalhadores.

XXX — proibição de diferença de salários, de exercício de funções e de critério de admissão por motivo de sexo, idade, cor ou estado civil;

O presente inciso é mais uma demonstração da busca do legislador constituinte por um tratamento igualitário aos trabalhadores brasileiros, porém, é outro direito que não foi garantido aos trabalhadores domésticos, o que indubitavelmente contrasta com essa busca de igualdade de direitos sociais.

---

(38) TST — RR 31019/2002-900-04-00 — 5ª T — Rel. Min. Aloysio Corrêa da Veiga — *DJU* 20.05.2005.
(39) TST — RR 374972 – 5ª T — Rel. Min. João Batista Brito Pereira — *DJ* 07.12.2000.
(40) TRT2ª R. — RO 19990463169 — Ac. 4ª T. 20000636430 — Relª Juíza Odette Silveira Moraes — *DOESP* 12.12.2000.
(41) TRT4ª R. — Proc. 00626/2003-015-04-00-4 — 7ª T — Relª. Juíza Maria Inês Cunha Dornelles — *DOERS* 17.05.2005.
(42) TRT15ª R. — Proc. 6586/00 — Ac. 13468/01 — 3ª T — Rel. Juiz Domingos Spina — *DOESP* 19.04.2001.

XXXI — proibição de qualquer discriminação no tocante a salário e critérios de admissão do trabalhador portador de deficiência;

Quando analisado o inciso que versa sobre a proteção ao mercado de trabalho da mulher, mencionamos que, em países com alto nível de desemprego, como o Brasil, algumas pessoas são mais vulneráveis no momento da seleção para o mercado de trabalho, entre elas o jovem, que geralmente não tem experiência, a mulher, que historicamente é vítima de preconceito em relação ao trabalho do homem e, sem dúvida alguma, o portador de deficiência, que infelizmente acaba sendo considerado inadequado para o mercado de trabalho.

A Constituição Republicana de 1988 veda a prática discriminatória em vários artigos. Com isso, várias leis que vieram posteriormente à Constituição, vedam expressamente práticas discriminatórias, como, por exemplo, a Lei n. 9.029/95 e a Lei n. 9.459/97.

Insta ressaltar que, para promover a igualdade, o Direito normatiza um tipo de discriminação, nesse caso justa, objetivando diminuir diferenças e anular desvantagens, é a chamada "ação afirmativa" ou "discriminação positiva". Isto ocorre quando se conferem vantagens adicionais a determinada pessoa ou grupo de pessoas, com necessidades especiais, que impossibilitem a concorrência igualitária.

Contudo, retornando às observações específicas quanto aos direitos constitucionais reservados ou não à categoria dos trabalhadores domésticos, temos que essa garantia social também não lhes foi assegurada.

XXXII — proibição de distinção entre trabalho manual, técnico e intelectual ou entre os profissionais respectivos;

Quando o professor *Delgado* (2007) aborda os elementos fático-jurídicos específicos dos empregados domésticos, faz colocações pertinentes ao assunto ora abordado. Vejamos:

O tipo de serviço prestado (manual ou intelectual; especializado ou não especializado) não é, desse modo, elemento fático-jurídico da relação empregatícia doméstica.[43]

Na obra de *Magano* (1986), o autor faz uma interessante abordagem quanto ao tema em questão:

Outra nota, que tampouco pode ser tida como incompatível com o trabalho doméstico, é a do trabalho intelectual. A questão vem a pêlo em virtude da filiação da locação de serviços à antiga *locatio operarum* dos romanos, que recaía geralmente sobre serviços manuais.[44]

---

(43) DELGADO (2007), *op. cit.*, p. 371
(44) MAGANO, Octavio Bueno. *Manual de direito do trabalho.* v. II. 2. ed. São Paulo: LTr, 1986. p. 117.

Gomes e *Gottschalk* também abordam com propriedade o assunto em sua obra de Direito do Trabalho:

> A natureza da função do empregado é imprestável para definir a qualidade de doméstico. Um cozinheiro pode servir tanto a uma residência particular como a uma casa de pasto. Um professor pode ensinar num estabelecimento público ou privado ou no âmbito residencial da família. Portanto, a natureza jurídica intelectual ou manual da atividade não exclui a qualidade de doméstico.[(45)]

Na prática, tem-se que a atividade doméstica é considerada estritamente manual. Contudo, percebe-se que o disposto no presente inciso é mais uma patente demonstração do legislador constituinte em vedar a discriminação entre trabalhadores, também não estendido aos domésticos.

> XXXIII — proibição de trabalho noturno, perigoso ou insalubre a menores de dezoito e de qualquer trabalho a menores de dezesseis anos, salvo na condição de aprendiz, a partir de quatorze anos;

Aqui nos deparamos com outro direito que não foi reservado aos trabalhadores domésticos, mas, em virtude do Estatuto da Criança e do Adolescente — ECA, o dispositivo em análise é aplicável a todos os menores de nosso País.

O direito previsto neste inciso é de tamanha relevância que merece algumas considerações.

A Lei n. 9.029/95 dispõe em seu art. 1º que *fica proibida a adoção de qualquer prática discriminatória e limitativa para efeito de acesso a relação de emprego, ou sua manutenção, por motivo de sexo, origem, raça, cor, estado civil, situação familiar ou idade, ressalvadas, neste caso, as hipóteses de proteção ao menor previstas no inciso XXXIII do art. 7º da Constituição Federal.*

A diferenciação de tratamento reservada ao menor no presente inciso é considerada discriminação positiva, visto que visa a proteger o menor no que tange às suas condições pessoais, que envolvem questões relacionadas ao desenvolvimento físico, moral e cultural do menor.

Contudo, dados oficiais demonstram que a proibição do trabalho para menores de 14 anos ainda é conflitante com a realidade em nosso País, com o agravante de que grande parte dos menores iniciam suas atividades laborais no trabalho doméstico.

Infelizmente vivemos em um País onde a garantia efetiva dos direitos sociais prevista na Carta Magna ou na legislação esparsa é apenas utopia. Assim, além de não termos todas as nossas crianças nas creches e pré-escolas, temos uma

---

(45) GOMES, Orlando; GOTTSCHALK, Élson. *Curso de direito do trabalho*. 18. ed. Rio de Janeiro: Forense, 2007. p. 97.

realidade muito mais degradante, que afronta a dignidade da pessoa humana e o direito à cidadania, que é o fato de inúmeras crianças realizarem trabalhos penosos, na busca de ajudar na subsistência da família.

De acordo com dados do censo do IBGE, no Brasil em 2001 eram 5,5 milhões de crianças entre 5 (cinco) e 17(dezessete) anos trabalhando, das quais 2,2 milhões tinham idade entre cinco e quatorze anos[46].

XXXIV — igualdade de direitos entre o trabalhador com vínculo empregatício permanente e o trabalhador avulso.

O presente inciso é direcionado especificamente a uma categoria de trabalhadores, os avulsos, que apesar de exercerem sua atividade sem vínculo empregatício algum, tiveram os direitos trabalhistas totalmente garantidos.

O exemplo mais clássico do trabalhador avulso é o portuário, que presta seus serviços a um ou mais tomadores, sempre com a intervenção do sindicato da categoria ou o Órgão Gestor de Mão-de-Obra — OGMO.

Em suma o inciso em destaque é para o avulso como o parágrafo único do art. 7º da CF é para o doméstico, porém, o avulso teve todos os direitos trabalhistas garantidos e o doméstico não.

1. Direito à integração à Previdência Social

O parágrafo único do art. 7º da Constituição Federal garante ao empregado doméstico, além dos direitos previstos nos incisos IV, VI, VIII, XV, XVII, XVIII, XIX, XXI e XXIV, o direito de se integrar à Previdência Social, garantindo à categoria aposentadoria por idade, por invalidez, aposentadoria por tempo de contribuição, auxílio-doença, salário-maternidade, auxílio-reclusão e, a seus dependentes, a pensão por morte.

O trabalhador doméstico terá direitos a todos os benefícios previstos na legislação vigente, desde que haja o correto recolhimento das contribuições devidas ao Instituto Nacional de Seguridade Social — INSS, o que será feito por meio da Guia da Previdência Social — GPS[47], documento hábil para o recolhimento das contribuições sociais dessa categoria de trabalhadores à Previdência Social.

No caso de empregados domésticos, o recolhimento das contribuições previdenciárias, por meio da Guia da Previdência Social, deverá ocorrer impre-

---

(46) Disponível em <http://www.ibge.gov.br/home/presidencia/noticias/16042003trab_infantil.shtm>. Acesso em: 14 ago. 2007.
(47) A Guia da Previdência Social é o documento simplificado instituído pela Resolução INSS/PR n. 657 de 17/12/98, utilizado obrigatoriamente para o recolhimento do INSS desde 23/07/99.

terivelmente até o dia 15 do mês seguinte àquele a que as contribuições se referirem, com a ressalva de que, quando não houver expediente bancário, o prazo prorroga-se automaticamente para o primeiro dia útil subseqüente.

A GPS deve ser preenchida em duas vias, sendo a primeira destinada ao INSS e a segunda ao contribuinte, que deverá guardá-la para futura comprovação de recolhimento, a qualquer tempo, em caso de necessidade de concessão de benefícios.

No caso de contribuição sobre o valor mínimo, atualmente 20% x R$ 415,00 = R$ 83,00, o recolhimento poderá ser trimestral, ressaltando que os valores deverão ser agrupados por trimestre civil, ou seja, janeiro, fevereiro e março / abril, maio e junho / julho, agosto e setembro / outubro, novembro e dezembro.

Para o recolhimento trimestral, o contribuinte deverá utilizar código de pagamento específico, que no caso dos empregados domésticos é **1651**; sendo que no recolhimento mensal o código para os empregados domésticos é **1600**.

Sem contribuir com a Previdência Social os trabalhadores não podem usufruir da proteção social garantida pelo regime geral de previdência do Brasil.

CAPÍTULO V

AS ALTERAÇÕES IMPOSTAS PELA LEI N. 11.324/06 À CATEGORIA DOS DOMÉSTICOS

Para um estudo das alterações ocorridas na legislação concernente ao doméstico, é imprescindível esclarecer as alterações que efetivamente ocorreram na Lei n. 5.859/72, com a promulgação da Lei n. 11.324/06.

Destarte, a Lei n. 11.324/06, efetivamente fez as seguintes alterações na Lei n. 5.859/72: acrescentou o art. 2º-A, com dois parágrafos, deu nova redação ao art. 3º e acrescentou o art. 4º-A.

Demais disso, o art. 9º da Lei n. 11.324/06 cuidou de expressar a revogação da alínea "a" do art. 5º da Lei n. 605 de 05 de janeiro de 1949, que trata do *repouso semanal remunerado* e que não poderemos deixar de analisar, por ir ao encontro dos interesses dos empregados domésticos.

Assim, vejamos a seguir cada uma dessas alterações e as respectivas considerações.

1. Descontos no salário

A primeira alteração imposta pela Lei n. 11.324/06 foi a inserção do art. 2º-A na Lei n. 5.859/72, que versa sobre proibição de desconto no salário do doméstico de despesas concernentes a alimentação, vestuário, higiene e moradia. Vejamos:

2º-A. É vedado ao empregador doméstico efetuar descontos no salário do empregado por fornecimento de alimentação, vestuário, higiene ou moradia.

Não há dúvidas de que o presente artigo veio pelo fato do empregado doméstico prestar seus serviços no âmbito residencial[1] do empregador. Esse

---

(1) Nas lições de Mauricio Godinho Delgado, "A expressão utilizada pela Lei 5.859/72 designa, na verdade, todo ambiente que esteja vinculado à vida pessoal do indivíduo ou da família, onde não se reproduza valor de troca, mas essencialmente atividade de consumo. Desse modo, a expressão deve ser apreendida no seguinte sentido: *com respeito ao âmbito residencial destas* ou *para o âmbito residencial destas*, ou, ainda, *em função do âmbito residencial da pessoa ou família*. (DELGADO (2005), *op. cit.*, p. 373).

tipo de prestação de serviço ensejava ampla discussão sobre a possibilidade ou não do empregador efetuar descontos no salário do doméstico relativos ao fornecimento desses quatro itens.

A legislação não previa a possibilidade de tais descontos, contudo, o parágrafo único do art. 7º da Constituição Federal garante ao doméstico salário mínimo nacionalmente unificado, considerando que este deve suprir as necessidades básicas do trabalhador, entre elas a de moradia, alimentação, vestuário e higiene. Alguns se utilizavam do entendimento de que o empregador doméstico poderia deduzir o valor relativo aos gastos com o fornecimento desses itens, desde que respeitado o valor razoável e que essa condição fosse precedida de acordo prévio entre as partes, quando da celebração do contratação de trabalho.

Destarte, diante dessa situação não havia alternativa senão o Judiciário Trabalhista para solucionar a questão, ressaltando que os Tribunais divergiam sobre o assunto, conforme podemos verificar nos julgados a seguir:

> DOMÉSTICA — SALÁRIO — DESCONTOS — Os descontos incidentes sobre o salário do empregado, por utilidades como alimentação, moradia e transporte, tem de ser previamente ajustados, sob pena de ilicitude. Não havendo ajuste prévio, a presunção que se impõe e de que a sua remuneração era constituída do salário pactuado mais as benesses[2]. (grifamos)

> DOMÉSTICA — DESCONTOS SALARIAIS COM HABITAÇÃO E ALIMENTAÇÃO — O art. 458, parágrafo 3º da CLT, permite que o empregador desconte 25% e 20% do salário do obreiro, a título de habitação e alimentação, respectivamente. Tais descontos deveriam ter sido acordados quando da contratação da obreira, expressamente. Entretanto, ressalte-se que, no âmbito doméstico, a aplicação das leis trabalhistas não pode ser feita de forma rigidamente processual, vez que aqui as relação são quase familiares, baseadas na confiança íntima existente entre as partes, de modo que ainda hoje o ordinário, posto que desaconselhável, é a relação de emprego sem qualquer contrato expresso. Assim, incontroverso que a obreira residia na casa da reclamada, ali fazendo as suas refeições, *plausível o reconhecimento do desconto de 20% sobre o salário mínimo efetuado pela empregadora sobre o salário da obreira, a título de habitação e alimentação.* Aplica-se o texto legal consolidado por força do disposto no art. 7º, inciso IV e parágrafo único da CF[3]. (grifamos)

Contudo, a questão da moradia não se restringe apenas ao doméstico que reside no âmbito familiar do empregador. Existem os casos em que o empregador fornece ao empregado moradia diversa à da prestação do serviço. Nesses casos, é necessário que observemos o § 1º do mencionado art. 2º da Lei n. 5.859/72:

> § 1º Poderão ser descontadas as despesas com moradia de que trata o *caput* deste artigo quando essa se referir a local diverso da residência em que ocorrer a prestação de serviço, e desde que essa possibilidade tenha sido expressamente acordada entre as partes.

---

(2) TRT 3ª R. — RO 0400/96 — 3ª T. — Rel. Juiz Antônio Álvares da Silva — *DJMG* 18.06.1996.
(3) TRT 3ª R. — RO 7.023/96 — 4ª T. — Relª Juíza Deoclécia Amorelli Dias — *DJMG* 05.10.1996.

Consideramos que o parágrafo em destaque demonstra coerência do legislador, pois, não há dúvidas de que o empregador que cede moradia ao empregado doméstico, diversa daquela onde este presta serviço, tem o direito de cobrar aluguel, pois, se assim não fosse, a legislação estaria garantindo direitos excessivos ao doméstico, em contraste com as demais categorias, inclusive a do trabalhador rural, que, em sua legislação específica, tem previsão legal para desconto de tal moradia.

A ressalva do legislador, nesse sentido, foi quanto à necessidade de que o empregador, caso queira fornecer moradia ao empregado doméstico fora de seu âmbito residencial, faça constar expressamente o acordo das partes.

No julgado a seguir, apesar de não expressar a diversidade da efetiva moradia do empregado e o local da prestação do serviço, percebe-se que a cobrança de aluguel e de energia elétrica do empregado doméstico era aceitável, desde que com o seu consentimento, mesmo tácito. Vejamos:

DESCONTOS SALARIAIS — ALUGUEL E ENERGIA ELÉTRICA — DEVOLUÇÃO INDEVIDA. Os descontos efetuados a título de aluguel e Energia Elétrica, referentes à unidade habitacional ocupada pelo reclamante, eram feitos com tácito consentimento deste, o qual se utilizava diretamente de tais benefícios, afigurando-se injusto que, o autor, após longos anos usufruindo de moradia fornecida pelo empregador pagando ínfimo aluguel, venha a Juízo pleitear a devolução deste aluguel, revelando verdadeira tentativa de enriquecimento sem causa. O mesmo ocorre, quanto ao desconto de energia elétrica, consumida na habitação. Recurso provido para excluir a condenação à devolução dos ditos descontos[4].

O julgado a seguir do Tribunal Regional do Trabalho – TRT da 3ª Região, traz uma abordagem do assunto com aplicação da alteração trazida pela Lei n. 11.324/06. Vejamos:

EMPREGADO DOMÉSTICO — DESCONTOS RELATIVOS À MORADIA — LEI N. 11.324/06 — ÁGUA, LUZ E TELEFONE — A Lei n. 11.324/06 acrescentou o art. 2º — A à Lei n. 5.859/72, relativa aos empregados domésticos. Ali ficou consignado que "é vedado ao empregador doméstico efetuar descontos no salário do empregado por fornecimento de alimentação, vestuário, higiene ou moradia. Só poderão ser descontadas as despesas com moradia de que trata o caput deste artigo quando essa se referir a local diverso da residência em que ocorrer a prestação de serviço, e desde que essa possibilidade tenha sido expressamente acordada entre as partes". Veja-se que água e luz são descontos relacionados à moradia, exigindo-se, pois, expressa pactuação entre as partes. Em relação ao uso de telefone, todavia, a utilização do mesmo não pode ser entendida como benefício decorrente da moradia, tratando-se, na realidade de bem pessoal, particular, não integrando o conceito de bem afeto à moradia.[5]

---

(4) TRT 24ª R. — RO 2888/94 — TP – Rel. Juiz Antônio Falcão Alves — *DJMS* 19.04.1995.
(5) TRT 3ª R. — RO 01549-2006-075-03-00-1 — Rel. Paulo Maurício Ribeiro Pires — *DJMG* 13.06.2007.

No parágrafo 2º do art. 2º-A, o legislador cuidou de resguardar direitos inerentes ao empregador, garantindo-lhe que, apesar de não poder descontar do empregado despesas com moradia, alimentação, vestuário e higiene, a não ser na exceção do parágrafo 1º, essas despesas não têm natureza salarial, por isso, não se incorporam à remuneração. Vejamos:

> § 2º As despesas referidas no caput deste artigo não tem natureza salarial nem se incorporam à remuneração para quaisquer efeitos.

Sem dúvida, esta foi outra colocação justa do legislador, pois, caso contrário, o empregador doméstico estaria fadado a ônus excessivo em relação ao empregado doméstico, principalmente no momento da cessação do contrato de trabalho.

Ressalte-se que com a alteração em comento, ao empregador somente será autorizado descontar dos salários do trabalhador doméstico as seguintes parcelas:

1) Adiantamentos concedidos ao trabalhador mediante recibo;

2) Falta não justificada ao serviço (a legislação prevê a possibilidade de falta por alguns motivos que não ensejam desconto no salário, como licença-maternidade/paternidade, para ser testemunha em processo judicial, para proceder com doação de sangue, etc.);

3) Desconto de até 6% (seis por cento) do salário básico referente ao vale-transporte;

4) Contribuição Previdenciária.

Indubitavelmente o tema ainda servirá de debate em nossos Tribunais, contudo, pela simplicidade desta primeira novidade em relação ao trabalho doméstico, espera-se que a referida alteração não cause muita celeuma no cotidiano trabalhista.

2. Férias

A partir da presente alteração na legislação a situação do doméstico se altera consideravelmente, em virtude dos fatos que iremos destacar após a citação *in verbis* da nova redação do art. 3º da Lei n. 5.859/72:

> 3º. O empregado doméstico terá direito a férias anuais remuneradas de 30 (tinta) dias com pelo menos 1/3 um terço a mais que o salário normal, após cada período de 12 (doze) meses de trabalho, prestado à mesma pessoa ou família.

A redação anterior do referido artigo dispunha que o empregado doméstico tinha direito a 20 dias úteis de férias após cada período de doze meses de trabalho, prestado à mesma pessoa ou família, o que, sem dúvida, era uma incoerência em relação à legislação trabalhista.

Diante disso, o legislador tentou corrigir o imbróglio com o referido art. 3º. Entretanto, a nosso ver, trouxe à baila uma situação mais complexa que a anterior, conforme explanaremos a seguir.

O art. 7º, XVII da nossa Lei Maior garante aos trabalhadores urbanos e rurais gozo de férias anuais remuneradas com, pelo menos, um terço a mais do que o salário normal. Ressalte-se que a referida garantia constitucional é estendida aos domésticos, face ao disposto no parágrafo único do referido artigo.

No entanto, o constituinte não especificou quantos dias o trabalhador teria de férias, após adquirir o direito. Isto fazia com que os domésticos obedecessem a sua legislação específica, cuja previsão era de 20 dias úteis, e os demais empregados à determinação da Consolidação das Leis do Trabalho, que, no Capítulo IV do Título II, trata das férias anuais.

Cumpre-nos ressaltar que a CLT, no art. 7º, alínea "a" esclarece sobre a aplicabilidade da norma consolidada aos domésticos. Vejamos:

> Art. 7º. Os preceitos constantes da presente Consolidação salvo quando for em cada caso, expressamente determinado em contrário, não se aplicam:
>
> a) aos empregados domésticos, assim considerados, de um modo geral, os que prestam serviços de natureza não-econômica à pessoa ou à família, no âmbito residencial destas;
>
> (...)

Já o Decreto n. 71.885 de 9 de março de 1973, que aprova e regulamenta a Lei n. 5.859 de dezembro de 1972 dispõe no art. 2º que, excetuando o capítulo referente a férias, não se aplicam aos empregados domésticos as demais disposições da Consolidação das Leis do Trabalho. Contudo, no art. 6º expressa que as férias anuais do doméstico serão de 20 dias úteis, ficando a critério do empregador doméstico a fixação do período correspondente.

Essa divergência legal serviu de palco para intensos debates sobre qual deveria ser efetivamente o tempo de férias do doméstico, sendo que, por vezes, o tema chegava ao judiciário trabalhista.

Nesse sentido, é oportuno destacarmos dois recentes julgados que demonstram efetivamente essa divergência. O primeiro, do Tribunal Regional do Trabalho da 2ª Região, publicado no Diário do Judiciário paulista em julho de 2005, que contempla o direito do empregado doméstico a férias anuais de 30 dias; o segundo, do Tribunal Superior do Trabalho, publicado no Diário Oficial da União em março de 2006, dispõe que o empregado doméstico não fará *jus* a férias anuais de 30 dias, em face de seu estatuto jurídico próprio:

> DOMÉSTICO — FÉRIAS DE 30 DIAS — As férias do empregado doméstico são as mesmas do trabalhador urbano — 30 dias com acréscimo de 1/3 —, por força da igualdade prevista no art. 7º, parágrafo único, da CF. O art. 3º da Lei n. 5.859 tornou-se inconstitucional, não competindo ao juiz fazer distinções onde a Lei Maior não distingue.[6]

> EMPREGADO DOMÉSTICO FÉRIAS PERÍODO E DOBRA LEI N. 5.859/72 RECEPÇÃO PELA CONSTITUIÇÃO FEDERAL DE 1988. A Constituição Federal de 1988 assegurou a todos os trabalhadores, urbanos e rurais, avulsos e domésticos, o direito ao gozo de férias anuais remuneradas com, pelo menos, um terço a mais do que o salário normal (CF, art. 7º, *caput*, XVII, XXXIV e parágrafo único). O fato do constituinte não haver quantificado o período de férias revela um silêncio eloqüente, que recepciona, frente a nova ordem constitucional, os estatutos próprios de cada espécie de trabalhador, naquilo em que quantificam as férias. Assim, não se pode aplicar ao doméstico o art. 130, I, da CLT (30 dias corridos), uma vez que dispõe de estatuto próprio (Lei n. 5.859/72, art. 3º), prevendo período mais reduzido (20 dias úteis). Já no que diz respeito ao pagamento em dobro das férias não gozadas no período concessivo, a ausência de disciplina específica na Lei n. 5.859/72 permite, diante da nova ordem constitucional (que, inclusive, abonou em 1/3 a remuneração do período), lançar mão do art. 137 da CLT, para assegurar ao trabalhador doméstico tal vantagem. Recurso de revista parcialmente conhecido e parcialmente provido[7].

Destarte, quando o legislador dispõe na nova redação do art. 3º da Lei n. 5.859/72, que o empregado doméstico terá direito a férias anuais remuneradas de 30 dias, parece-nos que, a princípio, numa interpretação meramente gramatical ou literal da norma, o imbróglio estaria extirpado do meio jurídico.

Contudo, é imprescindível salientar que as férias são revestidas de princípios, sendo um deles o da proporcionalidade, com amparo legal no art. 130 da CLT, *in verbis*:

> Art. 130. Após cada período de doze meses de vigência do contrato de trabalho o empregado terá direito a férias na seguinte proporção:
>
> I — trinta dias corridos, quanto não houver faltado ao serviço mais de cinco vezes;
>
> II — vinte e quatro dias corridos, quando houver tido de seis a quatorze faltas;
>
> III — dezoito dias corridos, quando houver tido de quinze a vinte e três faltas;
>
> IV — doze dias corridos, quando houver tido de vinte e quatro a trinta e duas faltas.

---

(6) TRT 2ª R. — RO 02885200006102009 — 9ª T. — Rel. Juiz Luiz Edgar Ferraz de Oliveira — *DJSP* 29.07.2005.
(7) TST — RR-13145/00 — 4ª T — Rel. Ministro Antônio José de Barros Levenhagen — *DJU* 17.03.2006.

Diante disso, para interpretarmos a aplicabilidade da nova redação do art. 3º da Lei n. 5.859/72 e seu conflito com o *princípio da proporcionalidade* das férias, temos que utilizar o critério normativo hierárquico vigorante no Direito do Trabalho[8], o que nos leva a crer que a nova redação do referido artigo garante ao empregado doméstico férias anuais de trinta dias corridos, independente do número de faltas injustificadas desse empregado durante o período aquisitivo das férias.

Assim, a nosso ver, a nova redação do art. 3º da Lei n. 5.859/72 cria um imbróglio ainda maior que o existente anteriormente, pois, resta claro que o legislador não cuidou de observar o *princípio da proporcionalidade* em relação ao empregado doméstico.

Diante do exposto, acreditamos que, certamente, as férias do doméstico continuarão tumultuando o meio jurídico e, conseqüentemente, os intensos debates sobre o tema não cessarão.

Em suma, percebe-se que o assunto que, *a priori*, estaria resolvido, continuará sendo objeto de questionamentos no judiciário trabalhista.

---

(8) Acreditamos que a melhor doutrina contemporânea para explicar o critério normativo no Direito do Trabalho seja a do ilustre professor Mauricio Godinho Delgado, que assim leciona: "O critério normativo hierárquico vigorante no Direito do Trabalho opera da seguinte maneira: a pirâmide normativa constrói-se de modo plástico e variável, elegendo para seu vértice dominante a norma que mais se aproxime do caráter teleológico dos ramos justrabalhistas. À medida que a matriz teleológica do Direito do Trabalho aponta na direção de conferir solução às relações empregatícias segundo um sentido social de restaurar, hipoteticamente, no plano jurídico, um equilíbrio não verificável no plano da relação econômico-social de emprego —, objetivando, assim, a melhoria das condições sócio-profissionais do trabalhador —, prevalecerá, tendencialmente, na pirâmide hierárquica aquela norma que melhor expresse e responda a esse objetivo teleológico central justrabalhista. Em tal quadro, a hierarquia de normas jurídicas não será estática e imutável, mas dinâmica e variável, segundo o princípio orientador de sua configuração e ordenamento.
O princípio direcionador basilar do Direito do Trabalho, que melhor incorpora e expressa seu sentido teleológico constitutivo, é, como visto, o princípio da norma mais favorável ao trabalhador. Assim, aplicar-se-á ao caso concreto — sendo naquele caso hierarquicamente superior – a norma mais favorável ao empregado. O vértice da pirâmide normativa variável e mutável — ainda que apreendido segundo um critério permanente —, não será a Constituição Federal ou a lei federal necessariamente, mais a norma mais favorável ao trabalhador. Não há, assim, contradição inconciliável entre as regras heterônomas estatais e regras autônomas privadas coletivas (entre o Direito do Estado e o Direito dos grupos sociais), mas uma espécie de harmoniosa concorrência: a norma que disciplinar uma dada relação de modo mais benéfico ao trabalhador prevalecerá sobre as demais sem derrogação permanente mas mero preterimento, na situação concreta enfocada.
Há, entretanto, limites à incidência desse critério hierárquico especial ao Direito do Trabalho — fronteira a partir da qual mesmo no ramo justrabalhista se respeita o critério rígido e inflexível do Direito Comum. Tais limites encontram-se nas normas proibitivas oriundas do Estado. De fato, o critério justrabalhista especial não prevalecerá ante normas heterônomas estatais proibitivas, sempre preservarão sua preponderância, dado revestirem-se do *imperium* específico à entidade estatal. Tais normas — como dito — encouraçam-se em sua incidência de um inarredável matiz soberano". (DELGADO (2005), *op. cit.*, p. 178).

3. Garantia de emprego à doméstica gestante

O artigo que sucede a alteração referente às férias também versa sobre assunto constante no judiciário trabalhista, contudo, a clareza do novo texto facilita a sua interpretação. Vejamos as alterações impostas à Lei n. 5.859/72 pelo acréscimo do art. 4º-A, que reservou à empregada doméstica gestante a garantia de emprego até cinco meses após o parto:

> Art. 4º-A. É vedada a dispensa arbitrária ou sem justa causa da empregada doméstica gestante desde a confirmação da gravidez até 5 (cinco) meses após o parto.

Para nos embrenharmos na discussão do art. 4º-A da Lei n. 5.859/72 é interessante destacarmos que a Constituição Federal, em seu art. 7º, I, garante aos trabalhadores urbanos e rurais relação de emprego protegida contra demissão arbitrária ou sem justa causa, com indenização compensatória. Entretanto, no texto constitucional, o referido direito não foi assegurado à categoria dos empregados domésticos, conforme se verifica no parágrafo único do aludido art. 7º.

Com o advento da Lei n. 10.208 de 23 de março de 2001, tornou-se facultativa a inclusão do empregado doméstico no Fundo de Garantia por Tempo de Serviço — FGTS, de que trata a Lei n. 8.036 de 11 de maio de 1990.

Essa reflexão se faz necessária, tão-somente, para demonstrar que, pelo texto constitucional, o empregado doméstico sequer teve assegurada a proteção contra demissão arbitrária ou sem justa causa, nem mesmo a garantia de emprego prevista para a empregada gestante no Ato das Disposições Constitucionais Transitórias, só agora estendida à categoria.

No art. 10, inciso II, alínea "b" do Ato das Disposições Constitucionais Transitórias, fica assegurada à empregada gestante a garantia de emprego, desde a confirmação da gravidez até cinco meses após o parto.

Alguns estudiosos do Direito tratam a referida garantia de emprego como "estabilidade[9] provisória", contudo, com a devida *vênia* discordamos desta terminologia, por entendermos que "estabilidade provisória" seria aquela reservada ao dirigente, com mandato eletivo, desde o registro da sua candidatura até um ano após o final do mandato. Para ser demitido, mesmo cometendo falta grave, prevista no art. 482 da CLT, há que passar por inquérito na Justiça do

---

(9) Sergio Pinto Martins define estabilidade como "o direito do empregado de continuar no emprego, mesmo contra vontade do empregador, desde que inexista uma causa objetiva a determinar sua despedida. Tem, assim, o empregado o direito ao emprego, de não ser despedido, salvo determinação de lei em sentido contrário". (MARTINS, Sergio Pinto. *Direito do trabalho*. 21. ed. São Paulo: Atlas, 2005. p. 417).

Trabalho, conforme se verifica no art. 494[10] da Consolidação Trabalhista, enquanto que a gestante, em caso de cometimento de falta grave, poderá ser demitida por justa causa incontinenti, sem apreciação em inquérito na Justiça do Trabalho.

Destarte, no caso em estudo, optamos pela utilização do termo garantia de emprego.

A garantia prevista no art. 10, II, "a" do ADCT não se estendia à empregada doméstica e, diante dessa situação, inúmeros foram os conflitos que chegaram a nossos Tribunais, conforme podemos verificar nos julgados abaixo da Corte Maior trabalhista.

> EMPREGADA DOMÉSTICA GESTANTE — ESTABILIDADE Os direitos concedidos aos empregados domésticos encontram-se taxativamente relacionados no art. 7º, parágrafo único, da Constituição Federal. Dessa forma, a empregada doméstica não tem direito à estabilidade a que alude o art. 10, inciso II, alínea b, do ADCT, relativa à garantia de emprego mencionada no inciso I do art. 7º da Carta. Recurso conhecido e desprovido[11].

> EMPREGADA DOMÉSTICA — GESTANTE — ESTABILIDADE — DIREITO NÃO ASSEGURADO PELA CONSTITUIÇÃO FEDERAL — A garantia de emprego assegurada à empregada gestante, por força do art. 10, II, "b", do Ato das Disposições Constitucionais Transitórias, não alcança a empregada doméstica, que tem sua relação jurídica disciplinada por Lei específica (Lei n. 5.859, de 11.12.1972), considerando-se a expressa especificação de seus direitos pelo art. 7º, Parágrafo Único, da Constituição Federal. Efetivamente, ao dispôs sobre a garantia de emprego à empregada gestante, até que seja promulgada a Lei Complementar a que se refere o art. 7º, I, da Constituição Federal, o art. 10, II, "b", da Constituição Federal não foi objeto de acolhimento pelo Parágrafo Único do art. 7º, razão pela qual inviável o direito pleiteado pela reclamante. Recurso de revista parcialmente conhecido e não provido[12].

Diante disso, não há dúvidas de que esta foi uma das maiores conquistas trazidas pela Lei n. 11.324/06, garantindo às empregadas domésticas o direito ao emprego ou indenização, do momento da confirmação da gravidez até cinco meses após o parto.

Em um país que busca a igualdade de direitos, e tem uma Constituição voltada para garantir essa isonomia entre trabalhadores, era inaceitável que a mulher empregada doméstica não gozasse desse direito, pois sua maternidade jamais poderia ter sido considerada diferente da de outras trabalhadoras.

---

(10) Assim dispõe o art. 494 da CLT: "O empregado acusado de falta grave poderá ser suspenso de suas funções, mas a sua despedida só se tornará efetiva após o inquérito em que se verifique a procedência da acusação".
(11) TST — RR 545 — 3ª T. — Relª. Ministra Maria Cristina Irigoyen Peduzzi — *DJU* — 05.11.2004.
(12) TST — RR 712664 — 4ª T. — Rel. Ministro Milton de Moura França — *DJU* — 31.10.2003.

Conquistas como esta demonstram as constantes alterações que ocorrem no Direito, conforme abordamos no início desse estudo, indubitavelmente necessárias para que se construa uma sociedade mais justa e equânime.

Há que se ressaltar que a legislação pátria prevê, por meio do Decreto n. 3.048/99, que o valor pago à empregada gestante em função da sua garantia de emprego integra o salário-de-contribuição, contudo, em caso de indenização do período de garantia de emprego não há que se falar em incidência de contribuição previdenciária, visto que nossa legislação veda esta incidência sobre verbas indenizatórias.

Não obstante, o Instituto Nacional de Seguridade Social — INSS recorreu ao Tribunal Superior do Trabalho, com intuito de modificar decisão que previa a não incidência de contribuição previdenciária em caso de conversão em indenização do período de garantia de emprego da gestante.

Destarte, como não poderia ser diferente, o Instituto Nacional de Seguridade Social não logrou êxito em sua pretensão, conforme podemos verificar no julgado que se segue:

> AGRAVO DE INSTRUMENTO — RECURSO DE REVISTA — DESCABIMENTO — ACORDO JUDICIAL — INDENIZAÇÃO DECORRENTE DA GARANTIA DE EMPREGO ASSEGURADA À EMPREGADA GESTANTE — CONTRIBUIÇÕES PREVIDENCIÁRIAS — NÃO-INCIDÊNCIA — NATUREZA INDENIZATÓRIA — Nos termos do art. 214, § 12, do Decreto n. 3.048/1999, o valor pago à empregada gestante, inclusive à doméstica, em função do disposto na alínea b do inciso II do art. 10 do Ato das Disposições Constitucionais Transitórias da Constituição Federal, integra o salário-de-contribuição, excluídos os casos de conversão em indenização previstos nos arts. 496 e 497 da Consolidação das Leis do Trabalho. Agravo de instrumento conhecido e desprovido.[13]

Evidentemente, em caso de indenização do período de garantia de emprego não há que se falar em incidência de contribuição previdenciária.

4. Repouso semanal remunerado e feriados nacionais civis e religiosos

Finalmente, cumpre-nos analisar o art. 9º da Lei n. 11.324/06 que revogou expressamente a alínea "a" do art. 5º da Lei n. 605 de 05 de janeiro de 1949[14], que dispõe sobre o *repouso semanal remunerado* e o pagamento de salário nos dias de feriados civis e religiosos.

---

(13) TST — AgRR 271/2003-003-12-40.4 — 3ª T. – Rel. Min. Aurelio Bresciani — *DJU* 22.09.2006.
(14) O art. 1º da Lei n. 605/49 assim dispõe: "todo empregado tem direito ao repouso semanal remunerado de vinte e quatro horas consecutivas, preferentemente aos domingos e, nos limites das exigências técnicas das empresas, nos feriados civis e religiosos, de acordo com a tradição local".

O tema foi sucintamente enfrentado, quando comentamos o inciso XV do art. 7º da Carta Magna, contudo alguns pontos ainda merecem ser abordados, assim, para melhor esclarecimento do assunto, é interessante nos reportarmos ao referido artigo, ora revogado. Vejamos:

Art. 5º. Esta lei não se aplica às seguintes pessoas:

a) aos empregados domésticos, assim considerados, de um modo geral, os que prestam serviços de natureza não econômica à pessoa ou família no âmbito residencial destas;

(...)

Conforme vimos anteriormente, a redação da alínea "a" do art. 5º da Lei n. 605/49 entrou em discrepância com a Constituição Federal, que em seu texto garantiu aos domésticos o direito ao repouso semanal remunerado.

Assim, no caso em apreço, em que a Lei n. 11.324/06 expressa a revogação da referida alínea "a" do art. 5º da Lei n. 605/49, o legislador apenas cuidou de corrigir um conflito de normas.

Outro ponto relevante a se destacar em conseqüência da mudança em apreço, é que o empregado doméstico passa a ter o direito ao descanso nos feriados nacionais civis e religiosos, visto que a Lei n. 605/49 também dispõe sobre esse direito, que agora figura no elenco de direitos do empregado doméstico, tendo em vista esta importante alteração imposta pela Lei n. 11.324/06, que entrou em vigor em 20 de julho de 2006.

Destarte, em uma análise geral das mudanças ocorridas na Lei n. 5.859/72, com o advento da Lei n. 11.324/06, não há dúvidas de que foram de grande importância para essa categoria, essencial no contexto social, com a ressalva de que novamente o legislador deixa lacunas no ordenamento, que certamente servirão de campo para outros tantos debates jurídicos, até nova alteração na legislação e, assim, sucessivamente.

CAPÍTULO VI

OUTROS DIREITOS E PECULIARIDADES DO EMPREGADO DOMÉSTICO

1. Carteira de Trabalho e Previdência Social — CTPS

A Carteira de trabalho foi instituída pelo Decreto n. 21.175, de 21 de março de 1932, regulamentado pelo Decreto n. 22.035, de 29 de outubro de 1932. A Carteira de Trabalho e Previdência Social trata-se de documento obrigatório para toda pessoa que venha a prestar algum tipo de serviço a outra pessoa, inclusive o empregado doméstico.

A Lei n. 5.859/72 prevê que o empregado doméstico tem direito a anotação na CTPS de seu contrato de trabalho, o que deve ser feito pelo empregador desde o momento da contratação do empregado.

Ressalte-se que a Carteira de Trabalho e Previdência Social — CTPS é emitida pelo Ministério do Trabalho e Emprego, sendo necessários os seguintes documentos[1]:

Emissão 1ª Via

Documentos necessários:

— 02 fotos 3x4, fundo branco, coloridas ou em preto e branco, iguais e recentes;

— documentos que contenham as informações necessárias ao preenchimento da qualificação civil, ou seja:

• Nome;

• Local/Estado de nascimento;

---

[1] Todas as informações sobre emissão da 1ª e 2ª vias da CTPS Social foram retiradas da página do Ministério do Trabalho e Emprego e encontram-se disponíveis em: <http://www.mte.gov.br/ctps/brasileiro_nato.asp>. Acesso em: 08 jan. 2008.

- Data de nascimento;
- Filiação;
- Nome, número do documento e órgão emissor.

Documentos que PODEM ser aceitos:

- Carteira de Identidade; ou
- Certificado de Reservista — 1ª, 2ª ou 3ª categoria; ou
- Carta Patente (no caso de militares); ou
- Carteira de Identidade Militar; ou
- Certificado de Dispensa de Incorporação; ou
- Certidão de Nascimento; ou
- Certidão de Casamento; ou qualquer outro documento oficial de identificação, desde que contenha todas as informações necessárias ao preenchimento da identificação do interessado.

Na expedição da 1ª CTPS do trabalhador, o MTb fará também o seu cadastramento no PIS/PASEP.

Emissão 2ª Via

Somente se emite a 2ª via em caso de extravio, furto, roubo, perda, continuação ou danificação. Considera-se danificação a falta de fotografia, rasura, ausência ou substituição de foto, ausência de página ou qualquer situação que impossibilite a utilização normal da CTPS.

Para os casos de **Extravio, Furto, Roubo e Perda** o requerente deverá apresentar, além de documentos e fotos, o Boletim de Ocorrência Policial, ou declaração de próprio punho, "sob as penas da lei"; e comprovar o número da CTPS anterior, por meio de um dos documentos abaixo:

- Extrato do PIS/PASEP ou FGTS;
- Cópia da ficha de registro de empregado com carimbo do CGC da empresa;
- Termo de rescisão do contrato de trabalho homologado pelo sindicato de classe, ou Ministério do Trabalho ou Ministério Público ou Defensoria Pública ou Juiz de Paz.

Para emissão da **via de Continuação**, o requerente deverá apresentar além da foto e do documento de identificação, a CTPS anterior. Essa substituição só será aceita mediante a constatação do preenchimento total de pelo menos um dos campos, ou seja, contrato de trabalho, férias, anotações gerais, etc.

2. Contrato de experiência

O contrato de experiência é um contrato por prazo determinado, de no máximo 90 (noventa) dias, podendo ser prorrogado uma única vez dentro deste período, conforme previsão nos arts. 443, 445 e 451 da Consolidação das Leis do Trabalho, assim, teoricamente não se aplicaria ao empregado doméstico, pelo fato dessa categoria de trabalhadores não ser considerada celetista, conforme abordamos anteriormente.

Entretanto, na prática tem sido adotado o contrato de experiência também para o trabalhador doméstico, após o advento da Constituição de 1988, que, dentre outros direitos, estendeu aos domésticos o direito ao aviso prévio, tendo em vista que o período de experiência é reservado para que haja uma adaptação do empregado aos interesses do empregador.

Neste sentido vejamos julgados posteriores ao advento da Constituição Federal de 1988, sendo um do Egrégio Tribunal Trabalhista Mineiro e outro do Paulista:

> CONTRATO DE EXPERIÊNCIA. DOMÉSTICO. Ao contrato de trabalho de empregado doméstico perfeitamente aplicável a cláusula de experiência por se tratar de serviços prestados dentro do âmbito familiar, justificando a averiguação da qualificação do empregado.[2]

> EMPREGADA DOMÉSTICA — CONTRATO DE EXPERIÊNCIA — VALIDADE. Consoante a previsão do parágrafo único do art. 7º da Constituição Federal, vários direitos sociais foram estendidos aos empregados domésticos, entre eles o aviso prévio, instituto este que atinge tanto o empregado doméstico quanto o empregador, o que viabiliza as situações previstas nos arts. 482 e 483 da CLT. Logo, cabível o contrato de trabalho a título de experiência, para o doméstico. Se a Lei n. 5.859/72 e o seu decreto regulamentador não proíbem aadoção desse tipo de contrato, não cabe ao intérprete fazer qualquer distinção. Recurso a que se dá provimento para imprimir validade ao contrato de experiência e julgar improcedente a ação.[3]

Há que se ressaltar que costumeiramente os empregadores mantêm os domésticos sem anotação na CTPS pelo prazo de 90 (noventa) dias, forçando um período de experiência totalmente ilegal, o que certamente causará transtornos a ambas as partes futuramente.

Portanto, o correto é que no momento da contratação seja elaborado um contrato de experiência, com a devida anotação na Carteira de Trabalho, tendo

---

(2) TRT 3ª R. — RO 19651/99, Quinta Turma, Rel. Juiz Virgílio Selmi Dei Falci — *DJMG* 10.06.2000, p. 19.
(3) TRT 2ª R.; RO 19990488765, Sexta Turma, Rel. Fernando Antonio Sampaio da Silva; *DOESP* 05.10.1999.

em vista que a elaboração do contrato de experiência não exime o empregador da anotação na CTPS bem como do recolhimento do INSS.

Ressalte-se que após o término da experiência, caso o empregador não tenha interesse em continuar a relação empregatícia, somente será dispensado do pagamento do aviso prévio na hipótese de ter celebrado o contrato de experiência, caso contrário deverá pagar a referida verba.

3. Demissão

A demissão poderá ocorrer a pedido do empregado ou por iniciativa do empregador que determinará, conforme o caso, se a demissão é sem justa causa ou com justa causa.

Quando a demissão é motivada pelo empregado, ou seja, ocorre o *pedido de demissão, este empregado terá direito* às seguintes verbas:

1) aviso prévio (quando o obreiro trabalhar o mês do aviso, senão poderá ser descontado o valor do aviso, que corresponde a um salário deste empregado);

2) saldo de salários (referente aos dias trabalhados e que ainda não foram pagos);

3) 13º salário proporcional aos meses trabalhados;

4) férias proporcionais aos meses trabalhados mais o terço constitucional;

No caso de demissão motivada pelo empregador, porém *sem justa causa*, o empregado doméstico terá direito a todas as verbas descritas acima, além do saque do Fundo de Garantia por Tempo de Serviço, caso o empregador tenha optado pelo depósito.

Quando a *demissão é por justa causa* o empregado doméstico somente terá direito ao saldo de salários e férias vencidas, tendo em vista que trata-se de direito adquirido.

A Lei n. 5.859/72 dispõe no § 2º do art. 6-A, incluído pela Lei n. 10.208/01, que *considera-se justa causa para os efeitos desta Lei as hipóteses previstas no art. 482, com exceção das alíneas "c" e "g" e do seu parágrafo único, da Consolidação das Leis do Trabalho. Vejamos:*

a) ato de improbidade;

b) incontinência de conduta ou mau procedimento;

c) alínea não aplicável ao doméstico;

d) condenação criminal do empregado, passada em julgado, caso não tenha havido suspensão da execução da pena;

e) desídia no desempenho das respectivas funções;

f) embriaguez habitual ou em serviço;

g) alínea não aplicável ao doméstico;

h) ato de indisciplina ou de insubordinação;

i) abandono de emprego;

j) ato lesivo da honra ou da boa fama praticado no serviço contra qualquer pessoa, ou ofensas físicas, nas mesmas condições, salvo em caso de legítima defesa, própria ou de outrem;

k) ato lesivo da honra ou da boa fama ou ofensas físicas praticadas contra o empregador e superiores hierárquicos, salvo em caso de legítima defesa, própria ou de outrem;

l) prática constante de jogos de azar.

4. Diferença entre diarista e empregada doméstica

O tema em questão ainda não foi sedimentado em lei, ou seja, na prática a diferenciação entre empregada doméstica e diarista tem sido enfrentada por nossos Tribunais, visto que tornou-se comum demandas na Justiça do Trabalho em que se discute o trabalho eventual e o vínculo empregatício.

Conforme abordado anteriormente, a lição de *Russomano*[4] é oportuna no sentido de diferenciar Relação de Trabalho de Relação de Emprego, sendo a primeira o gênero, enquanto a segunda é espécie, que somente irá se configurar estando presentes os seguintes requisitos:

1) pessoa física (nas relações de emprego o empregado sempre será pessoa física);

2) pessoalidade — *intuitu personae* (a pessoa contratada é quem executa o serviço, vedado a substituição por outra);

3) onerosidade (o trabalho executado deverá ser pago);

4) não eventualidade (a prestação de serviço será de forma contínua);

5) subordinação (o empregador possui o poder de direção sobre o empregado).

---

(4) RUSSOMANO (2005), *op. cit.*, p. 70.

Portanto, no caso dos domésticos obviamente a relação de emprego está formada, visto que todos os requisitos estão presentes no contrato de trabalho, enquanto no caso das diaristas, geralmente não estará presente a continuidade na prestação dos serviços, o que gera uma relação de trabalho e não de emprego, justamente por faltar um dos requisitos.

Destarte, as discussões judiciais têm se fundado basicamente na quantidade de dias que a diarista trabalha em determinada residência. Neste sentido, o entendimento tem sido de que o trabalho até duas vezes por semana na mesma residência não cria o vínculo empregatício, sendo que, além disso, poderá estar configurado vínculo de emprego.

Entretanto, indubitavelmente o tema vai muito mais além do que simplesmente a quantidade de dias de trabalho da(o) operária(o); somente uma análise minuciosa de cada caso pode nos levar a conclusões mais precisas sobre a existência ou não de vínculo empregatício.

Neste sentido, vejamos alguns julgados da Corte Maior Trabalhista sobre o assunto:

> RECURSO DE REVISTA. VÍNCULO EMPREGATÍCIO. DIARISTA. NÃO RECONHECIMENTO. O art. 3º da CLT exige, para o reconhecimento do vínculo empregatício, entre outros, o elemento da prestação não-eventual de serviços. De outro lado, o art. 1º da Lei n. 5.859/72, que trata da profissão do empregado doméstico, preconiza que será considerado empregado doméstico aquele que presta serviços de natureza contínua e de finalidade não lucrativa à pessoa ou à família no âmbito residencial. Na presente hipótese, é incontroverso que a Reclamante somente trabalhava de uma a três vezes por semana para os Reclamados e, no interregno prestava serviços a diversas outras pessoas, ou seja, tinha outros empregadores, não havendo, dessa forma, como reconhecer o vínculo empregatício com a ora recorrente, porque não configurada a continuidade na prestação dos serviços, à luz do art. 1º da Lei n. 5.859/72. Nesse contexto, percebe-se que a caracterização do vínculo empregatício do doméstico está condicionada à continuidade na prestação dos serviços, não se prestando ao reconhecimento do liame a realização de trabalho durante alguns dias da semana. Recurso de Revista a que se nega provimento.[5]

> RECURSO DE REVISTA. DIARISTA. VÍNCULO DE EMPREGO. Aquele que presta serviços duas vezes por semana em casa de família, não tem vínculo empregatício como doméstico, em face do não-preenchimento dos requisitos necessários à caracterização da relação de emprego (art. 3º da CLT). Recurso de revista a que se dá provimento.[6]

---

(5) TST — RR 47/2001-046-15-00.8 — Terceira Turma — Rel. Min. Carlos Alberto Reis de Paula — *DJU* 23.11.2007 — p. 1282.
(6) TST — RR 18.205/2001-004-09-00.7 — Quinta Turma — Relª Juíza Conv. Kátia Magalhães Arruda — *DJU* 09.11.2007 — p. 1454.

5. Documentos necessários para contratação do doméstico

Para contratação do empregado doméstico, será necessário basicamente a Carteira de Trabalho e Previdência Social, sua inscrição no Instituto Nacional de Seguridade Social — INSS, ressaltando que o empregador poderá requerer cartas de referência ou atestado de boa conduta expedido por autoridade competente ou pessoa idônea. Os atestados de saúde também podem ser requeridos, porém, jamais poderá haver conduta discriminatória por parte do empregador no momento da contratação, como por exemplo requerer teste de gravidez ou exame para detecção da AIDS.

6. Jovens no trabalho doméstico

Um dos grandes problemas do Brasil relacionado ao trabalho doméstico é a questão da exploração do trabalho infantil. Em 1999, a Pesquisa Nacional por Amostra de Domicílio PNAD-IBGE-99, detectou a existência de 556 mil meninas empregadas domésticas com idades entre 10 e 16 anos[7].

Tramita na Câmara dos Deputados o Projeto de Lei n. 6.757/06, da deputada Laura Carneiro (PFL-RJ), que proíbe a contratação de adolescentes menores de 16 anos como empregados domésticos.

O projeto propõe alterações na Lei n. 5.859/72, que regulamenta a profissão do empregado doméstico. De acordo com o texto, quem contratar menor de 16 anos como empregado doméstico terá que pagar multa de R$ 1.000 por criança ou adolescente contratado, multa que poderá ser dobrada em caso de reincidência.

O projeto prevê ainda jornada de trabalho máxima de 06 (seis) horas diárias para adolescentes de 16 a 18 anos no trabalho doméstico, observando sempre a compatibilidade do horário de trabalho com o horário escolar.

Projetos como este sempre são bem-vindos no mundo jurídico, contudo, raramente alcançam sua eficácia plena, na maioria dos casos têm apenas o cunho social, ou seja, são normas que acalentam a sociedade que prima por um País mais justo, porém, infelizmente tratam-se de normas que não alcançam seu objetivo, como a norma que determina que o salário mínimo deve garantir ao cidadão moradia, alimentação, educação, saúde, lazer, vestuário, higiene, transporte e previdência social, e no Brasil está muito longe disso.

Uma ação concreta recente, foi promulgada do Decreto n. 6.481 de 12 de Junho de 2008, que entrou em vigor noventa dias após a data de sua publicação.

---

(7) Disponível em: <http://white.oit.org.pe/ipec/documentos/pabelem.pdf> Acesso em: 12 jan. 2008.

O referido Decreto regulamenta a os arts. 3º, alínea "d", e 4º da Convenção 182 da Organização Internacional do Trabalho (OIT) e traz em seu bojo a Lista das Piores Formas de Trabalho Infantil, também chamada de "Lista TIP".

O item 76 da mencionada lista assim dispõe:

Atividade: Serviço Doméstico

Item	Descrição dos Trabalhos	Prováveis Riscos Ocupacionais	Prováveis Repercussões à Saúde
76	Domésticos	Esforços físicos intensos; isolamento; abuso físico, psicológico e sexual; longas jornadas de trabalho; trabalho noturno; calor; exposição ao fogo, posições antiergonômicas e movimentos repetitivos; tradicionamento da coluna vertebral; sobrecarga muscular e queda de nível	Afecções músculo-esqueléticas(bursites, tendinites, dorsalgias, sinovites, tenossinovites); contusões; fraturas; ferimentos; queimaduras; ansiedade; alterações na vida familiar; transtornos do ciclo vigília-sono; DORT/LER; deformidades da coluna vertebral (lombalgias, lombociatalgias, escolioses, cifoses, lordoses); síndrome do esgotamento profissional e neurose profissional; traumatismos; tonturas e fobias.

Entretanto, há que se ressaltar que conforme mencionado anteriormente, apesar da nobreza do Decreto ora citado, a realidade fática entre famílias de baixa renda no País demonstra um cenário bem distante do que dispõe nossa legislação."

CONCLUSÃO

Resta claro que as mudanças ocorridas na Lei n. 5.859/72 tiveram como objetivo maior resolver problemas existentes desde tempos idos, justificados pela característica essencial do Direito de transformações periódicas na busca de adequação à realidade social, econômica e política.

No entanto, quando analisadas as alterações, fazendo uma interpretação sistemática da norma, verifica-se, em alguns pontos, que o legislador, ao invés de solucionar os conflitos, cria outros de mesma monta.

Não se pode negar que, apesar de não ter resolvido efetivamente antigas questões relativas aos empregados domésticos, como as férias, há que se aplaudirem algumas mudanças, como a proibição de descontos com moradia, alimentação, vestuário e higiene nos termos do *caput* do art. 2º-A, da Lei n. 5.859/72. É, principalmente, digna de aplausos a conquista referente à garantia de emprego da empregada doméstica gestante, desde o momento da confirmação da gravidez até cinco meses após o parto, conforme expresso no art. 4º-A da Lei dos Domésticos.

Se o princípio da proteção é, sem dúvida, o mais importante dos princípios trabalhistas, nada mais justo que a elaboração de normas que estabeleçam condições mais favoráveis a essa categoria, até então aviltada em termos de igualdade de direitos.

É natural que mudanças como as trazidas pela Lei n. 11.324/06 tragam à baila discussões diversas ao Judiciário Trabalhista, as quais hodiernamente têm sido pacificadas por meio das Súmulas do Tribunal Superior do Trabalho.

Não há dúvidas de que a categoria dos trabalhadores domésticos é uma das que menos têm possibilidades de discutir, em plano de igualdade, as condições de trabalho, remuneração e outros direitos necessários à manutenção da dignidade da pessoa humana.

No entanto, acreditamos na continuidade do trabalho legislativo, com elaboração de normas que contemplem as classes de trabalhadores menos privilegiadas, menos organizadas, até que, em algum momento, que esperamos não muito distante, a sociedade se torne mais justa e o contraste socioeconômico menor.

BIBLIOGRAFIA

BARBAGELATA, Héctor-Hugo. *O particularismo no direito do trabalho*. São Paulo: LTr, 1996.

BARROS, Alice Monteiro de. *Curso de direito do trabalho*. 3. ed. São Paulo: LTr, 2007.

BONAVIDES, Paulo. *Curso de direito constitucional*. 11. ed. São Paulo: Malheiros, 2001.

BRASIL. Decreto n. 71.885 de 09 de março de 1973. Disponível em <http:// www. presidencia.gov.br>. Acesso em: 7 ago. 2006.

_____. Decreto n. 3.361 de 10 de fevereiro de 2000. Disponível em <http://www. presidencia.gov.br>. Acesso em: 7 ago. 2006.

_____. Lei n. 605 de 05 de janeiro de 1949. Disponível em <http://www.presidencia. gov.br>. Acesso em: 6 ago. 2006.

_____. Lei n.10.208 de 23 de março de 2001. Disponível em <http://www. presidencia.gov.br>. Acesso em: 7 ago. 2006.

_____. Lei n. 8.036 de 11 de maio de 1990. Disponível em <http://www. presidencia.gov.br>. Acesso em: 7 ago. 2006.

_____. Lei n.11.324 de 19 de julho de 2006. Disponível em <http://www. presidencia.gov.br>. Acesso em: 5 ago. 2006.

CARRION, Valentin. *Comentários à Consolidação das Leis do Trabalho*. 32. ed. São Paulo: Saraiva, 2007.

CUPIS, Adriano de. *Os direitos da personalidade*. Trad. Afonso Celso Furtado Rezende. Campinas: Romana Jurídica, 2004.

DELGADO, Mauricio Godinho. *Curso de direito do trabalho*. 6. ed. São Paulo: LTr, 2007.

_____. *Princípios de direito individual e coletivo do trabalho*. 2. ed. São Paulo: LTr, 2004.

_____. *Capitalismo, trabalho e emprego*. São Paulo: LTr, 2007.

DINIZ, Maria Helena. *Dicionário jurídico*. v. 4. São Paulo: Saraiva, 1998.

_____. *Norma constitucional e seus efeitos*. 7. ed. São Paulo: Saraiva, 2006.

DONATO, Messias Pereira. Processo e formação histórica do direito do trabalho. In: MALLET, Estêvão; ROBORTELLA, Luiz Carlos Amorin (Coords.). *Direito e processo do trabalho* — estudos em homenagem a Octavio Bueno Magano. São Paulo: LTr, 1996.

FÉLIX, Éderson de Souza. *Direito do trabalho*. Leme: Led, 2005.

FERRAZ JÚNIOR, Tércio Sampaio. *Introdução ao estudo do direito*: técnica, decisão, dominação. 5. ed. São Paulo: Atlas, 2007.

FERREIRA FILHO, Manoel Gonçalves. Os direitos fundamentais. Problemas jurídicos, particularmente em face da Constituição Brasileira de 1988. *Revista de Direito Administrativo*, Rio de Janeiro, Renovar, n. 203, jan./mar. 1996.

GOMES, Orlando; GOTTSCHALK, Élson. *Curso de direito do trabalho*. 18. ed. Rio de Janeiro: Forense, 2007.

ISKANDAR, Jamil Ibrahim. *Normas da ABNT*. 2. ed. Curitiba: Juruá, 2005.

JOÃO, Paulo Sergio. As questões trabalhistas fundamentais. In: AIDAR, Antônio Carlos Kfouri. (Org.). *Administração rural*. São Paulo: Paulicéia, 1995.

KRELL, Andreas J. *Direitos sociais e controle judicial no Brasil e na Alemanha*. Porto Alegre: Sergio Antonio Fabris, 2002.

LAKATOS, Eva Maria; MARCONI, Marina de Andrade. *Fundamentos de metodologia científica*. 4. ed. São Paulo: Atlas, 2001.

MAGANO, Octavio Bueno. *Dicionário jurídico-econômico das relações de trabalho*. São Paulo: Saraiva, 2002.

_____. *Manual de direito do trabalho* — parte geral. São Paulo: LTr, 1980.

_____. *Manual de direito do trabalho*. v. II. 2. ed. São Paulo: LTr, 1986.

MARQUES, Rafael da Silva. *Valor social do trabalho na ordem econômica, na Constituição brasileira de 1988*. São Paulo: LTr, 2007.

MARTINS, Sergio Pinto. *Direito do trabalho*. 23. ed. São Paulo: Atlas, 2007.

MENS JURIS. Revista de Direito, n. 1 e 2, 2005. Uberlândia — União Educacional Minas Gerais.

NASCIMENTO, Amauri Mascaro. *Curso de direito do trabalho*. 21. ed. São Paulo: Saraiva, 2006.

NUNES, Luiz Antônio Rizzato. *O princípio constitucional da dignidade da pessoa humana*. São Paulo: Saraiva, 2002.

PAULO, Vicente; ALEXANDRINO, Marcelo. *Direito do trabalho*: teoria, jurisprudência e 850 questões. Rio de Janeiro: Impetus, 2003.

PEREIRA, Adilson Bassalho. *A subordinação como objeto do contrato de emprego*. São Paulo: LTr, 1991.

PESSOA, Eduardo. *Direito do trabalho doméstico*. 2. ed. Rio de Janeiro: Portal Jurídico, 2005.

ROCHA, Paulo Santos. *Flexibilização e desemprego*. Rio de Janeiro: Forense, 2006.

RODRIGUEZ, Américo Plá. *Princípios de direito do trabalho*. 3. ed. São Paulo: LTr, 2000.

RUSSOMANO, Mozart Victor. *O empregado e o empregador no direito brasileiro*. 7. ed. Rio de Janeiro: Forense, 1984.

_____. *Curso de direito do trabalho*. 9. ed. Curitiba: Juruá, 2005.

SANTOS, Enoque Ribeiro dos. *Temas modernos de direito do trabalho*. Leme: BH, 2005.

SARLET, Ingo Wolfgang. *A eficácia dos direitos fundamentais*. 3. ed. rev. e atual. Porto Alegre: Livraria do Advogado, 2003.

SILVA, Antônio Álvares da. *Flexibilização das normas*. São Paulo: LTr, 2002.

SILVA, Otávio Pinto e. A função do direito do trabalho no mundo atual. In: CORREIA, Marcus Orione Gonçalves. *Curso de direito do trabalho*: teoria geral do direito do trabalho. v. 1. São Paulo: LTr, 2007.

SILVA, Walküre Lopes Ribeiro da. A teoria da justiça e o direito do trabalho. In: CORREIA, Marcus Orione Gonçalves (Coord.). *Curso de direito do trabalho* — teoria geral do direito do trabalho. v. I. São Paulo: LTr, 2007.

SOUZA, Letícia Godinho de. *Direito do trabalho, justiça e democracia*. São Paulo: LTr, 2006.

SOUZA JÚNIOR, Cezar Saldanha. *Constituições do Brasil*. Porto Alegre: Sagra Luzzatto, 2002.

SÜSSEKIND, Arnaldo *et al*. *Instituições de direito do trabalho*. v. 1. 19. ed. São Paulo: LTr, 2000.

VIANNA, Cláudia Salles Vilela. *Manual prático das relações trabalhistas*. 5. ed. São Paulo: LTr, 2005.

WALDRAFF, Célio Horst. O liberalismo clássico, o neoliberalismo e o manifesto comunista. In: COUTINHO, Aldacy Rachid; WALDRAFF, Célio Horst. *Direito do trabalho e direito processual do trabalho* — temas atuais. Curitiba: Juruá, 2000.

ZIMMERMANN NETO, Carlos F. *Direito do trabalho*. 2. ed. São Paulo: Saraiva, 2006 (Coleção curso e concurso / coord. Edilson Mougenot Bonfim).

ZYLBERSTAJN, Hélio; PAGOTTO, Carmen Silva; PASTORE, José. *A mulher e o menor na força de trabalho*. São Paulo: Nobel, 1985.

ANEXOS

Anotação na Carteira de Trabalho e Previdência Social — CTPS

MODELO DE CONTRATO DE TRABALHO QUE CONSTA NA CTPS

Empregador ....
CNPJ/CPF/CEI...
Rua..N.:................................
Município..Estado....................................
Esp. do Estabelecimento ....
Cargo .... CBO n...
Data Admissão.............de..de ....
Registro n.: ....Fls./Ficha..................................
Remuneração Especificada..
....
....

_____
Ass. do empregador ou a rogo c/ test.
1º .... 2º ....
Data saída ....de...de................

_____
Ass. do empregador ou a rogo c/ test.
1º .... 2º ....
Com Dispensa CD n. ....

ANOTAÇÃO DE FÉRIAS

Gozou férias relativas ao período de ....
de.............../................./.................. a ..../................../..............

_____
Assinatura do empregador

INSTRUÇÕES PARA PREENCHIMENTO DO CONTRATO DE TRABALHO (EXPLICA PÁGINA ANTERIOR) DA CTPS

CONTRATO DE TRABALHO

Empregador: Nome completo do empregador.

CNPJ/CPF: Como estamos tratando de contratação específica de Empregado Doméstico, conseqüentemente o contratante deverá ser obrigatoriamente pessoa física, portanto, o campo será preenchido com o número do Cadastro das Pessoas Físicas (CPF) do empregador; em caso de opção pelo regime do FGTS, deverá, também, ser informado o número do CEI junto ao INSS, no local reservado às anotações gerais da CTPS.

Espécie de estabelecimento: Residência, sítio, chácara, casa de veraneio, outros.

Cargo ou função: Discriminar corretamente a função, que poderá ser empregado doméstico, cozinheiro do serviço doméstico, cuidador de idosos no serviço doméstico, motorista no serviço doméstico, babá, jardineiro no serviço doméstico, outros.

CBO n.: Compete ao Ministério do Trabalho e Emprego elaborar e atualizar a Classificação Brasileira de Ocupações. Neste campo deverá ser colocado o número previsto na CBO para cada tipo de ocupação. Vejamos abaixo alguns números previstos da Classificação Brasileira de Ocupações para Empregados Domésticos.

5121-05 Empregado doméstico nos serviços gerais — Caseiro;

5121-10 Empregado doméstico arrumador — Arrumador no serviço doméstico;

5121-15 Empregado doméstico faxineiro — Faxineiro no serviço doméstico;

5121-20 Empregado doméstico diarista — Empregado doméstico diarista;

5162-10 Cuidador de idosos – Acompanhante de idosos, cuidador de pessoas idosas e dependentes, cuidador de idosos domiciliar, cuidador institucional.[1]

Data da admissão: Deve constar a data de contratação do empregado.

Remuneração Especificada: O salário do empregado doméstico não poderá ser inferior ao mínimo fixado por lei, tendo em vista o disposto no art. 7, inciso IV da Constituição Federal de 1988, o valor deve ser, também, colocado por extenso.

✓ Após todas as anotações acima o empregador assina no local próprio.

ANOTAÇÃO DE FÉRIAS

Gozou férias relativas ao período de (Neste campo deverá conter o período aquisitivo, ou seja, o empregado doméstico admitido em 02.01.2000, terá como período aquisitivo compreendido entre **03.01.2000 – 02.01.2002**).

No segundo campo será colocado período de gozo, que em regra será de 30 dias, conforme alteração trazida pela Lei n. 11.324, de 20 de julho de 2006.

Obs.: As férias poderão ser concedidas pelo empregador dentro do período de 12 (doze) meses após o empregado ter adquirido o direito.

---

(1) Disponível em: <http://www.mtecbo.gov.br/>. Acesso em: 07 set. 2007.

MODELO DE CONTRATO DE EXPERIÊNCIA

CONTRATO DE EXPERIÊNCIA[2]

Pelo presente instrumento, particular, de um lado (nome do Empregador, nacionalidade, estado civil, profissão), residente e domiciliado no município de , Estado de , Rua , doravante denominado EMPREGADOR, e de outro lado (nome do empregado, nacionalidade, estado civil, profissão) portador da Carteira de Trabalho sob n., série , portador de Cédula de Identidade RG sob o n., doravante designado EMPREGADO, resolvem nesta data ajustar entre si Contrato de Experiência, que se regerá pelas condições estipuladas a seguir:

1. Fica o EMPREGADO admitido para exercer a função de doméstico, nos termos da legislação vigente, mediante a remuneração de R$ ... por mês, sendo que o pagamento da remuneração será efetuado mensalmente até o 5º dia útil do mês subseqüente à prestação do serviço.

2. O empregado autoriza o desconto em seus salários das importâncias que lhe forem adiantadas pelo empregador.

3. O presente contrato é firmado pelo prazo de _____ dias, quando o mesmo se extinguirá, de pleno direito, sem aviso prévio, podendo ser prorrogado[3] na forma da lei.

4. Na hipótese deste ajuste transformar-se em contrato de prazo indeterminado, o EMPREGADO continuará exercendo suas funções de acordo com o estabelecido pelo empregador e nos termos do estabelecido neste contrato e da legislação vigente.

5. Constituirão motivos para imediata dispensa do empregado, além dos previstos em lei, o desacato moral ou agressão física ao empregador ou a pessoa de seus respectivos familiares.

E por estarem de pleno acordo, as partes contratantes, assinam o presente Contrato de Experiência em 2 vias, ficando a primeira em poder da EMPREGADORA, e a segunda com o EMPREGADO, que dela dará o competente recibo.

Local/Data

(assinatura — empregador)

(assinatura — empregado)

(assinaturas de 2 testemunhas)

---

[2] Ainda que seja elaborado contrato de experiência, a CTPS do obreiro deve ser anotada, bem como a referida situação deve ser descrita na página de "Anotações Gerais" da Carteira de Trabalho e Previdência Social.
[3] Conforme abordado anteriormente, o contrato de experiência não poderá ter duração superior a 90 (noventa) dias, sendo que este período somente poderá ser prorrogado uma única vez; caso ocorra mais de uma prorrogação, o contrato passará automaticamente a ser por prazo indeterminado.

MODELO DE TERMO DE PRORROGAÇÃO

TERMO DE PRORROGAÇÃO

Por mútuo acordo entre as partes, fica o presente contrato de experiência, que deveria vencer nesta data, prorrogado até __/__/__.

Loca/Data

(assinatura - empregadora)

(assinatura - empregado)

(assinaturas de 2 testemunhas).

MODELO DE RECIBO DE SALÁRIO

RECIBO DE PAGAMENTO DE SALÁRIO

Empregador(a):
Empregado(a):
Referente ao mês:

Salário Contratual:....................................... R$

Descontos efetuados:

Vale-Transporte:... R$
Contribuição Previdenciária (INSS):............ R$
Adiantamentos:... R$

Total de descontos .... R$

Líquido a receber..R$

Recebi a quantia líquida de R$_____ (_____), referente ao salário que me é devido pelos serviços prestados em razão do contrato de trabalho.

Local/Data

Assinatura do(a) empregado(a)

MODELO DA GUIA DA PREVIDÊNCIA SOCIAL — GPS⁽⁴⁾

MINISTÉRIO DA PREVIDÊNCIA SOCIAL — MPS **INSTITUTO NACIONAL DO SEGURO SOCIAL — INSS** **GUIA DA PREVIDÊNCIA SOCIAL — GPS**	3. CÓDIGO DE PAGAMENTO	
	4. COMPETÊNCIA	
	5. INDENTIFICADOR	
1. NOME OU RAZÃO SOCIAL/ FONE/ ENDEREÇO:	6. VALOR DO INSS	
	7.	
	8.	
	9. VALOR DE OUTRAS ENTIDADES	
2. VENCIMENTO (uso do INSS)	10. ATM. MULTA E JUROS	
ATENÇÃO: É vedada a utilização de GPS para recolhimento de receita de valor inferior ao estipulado em Resolução publicada pelo INSS. A receita que resultar valor inferior deverá ser adicionada à contribuição ou importância correspondente nos meses subseqüentes, até que o total seja igual ou superior ao valor mínimo fixado.	11. TOTAL	
	12. AUTENTICAÇÃO BANCÁRIA	

Instruções para preenchimento da GPS

CAMPO 1 — Nome do contribuinte, Fone e Endereço
Dados para identificação do contribuinte.

CAMPO 2 — Para uso do INSS
Não preencher

CAMPO 3 — Código de pagamento
No caso do empregado doméstico o código é 1600

CAMPO 4 — Competência
Informação no formato MM/AAAA da competência objeto do recolhimento.

CAMPO 5 — Identificador
Número do CNPJ / CEI / NIT / PIS / PASEP do contribuinte.

CAMPO 6 — Valor do INSS
— Valor devido ao INSS pelo contribuinte, já considerados:
— os valores de eventuais compensações; e

CAMPO 9 — Valor de Outras Entidades
Não se aplica ao doméstico, portanto não preencher

CAMPO 10 — Atualização Monetária, Multa e Juros
Valor devido a título de atualização monetária e acréscimos legais, quando for o caso, sobre recolhimentos em atraso.

CAMPO 11 — Total
Valor total a recolher ao INSS.

---

(4) O modelo da GPS, bem como as instruções de preenchimento, encontram-se disponíveis em: <http://www.previdenciasocial.gov.br/pg_secundarias/paginas_perfis/perfil_comPrevidencia_05.asp>. Acesso em: 08 jan. 2008.

MODELO DE RECIBO DE ENTREGA DE VALE-TRANSPORTE

RECIBO DE VALE-TRANSPORTE

Empregador(a):_____

Empregado(a):_____

Recebi _____ vales-transporte, referentes ao mês de _____, pelo que firmo o presente.

Local/Data

_____
Assinatura do(a) empregado(a)

MODELO DE RECIBO DE FÉRIAS

RECIBO DE FÉRIAS

Empregador(a):_____

Empregado(a):_____

Período Aquisitivo:_____

Período de Gozo:_____

Valor da Remuneração:...... R$

1/3 Constitucional:............. R$

Valor total:.................... R$

Recebi a quantia líquida de R$ _____(_____), referente ao período de férias acima discriminado.

Local/Data

_____
Assinatura do(a) empregado(a)

MODELOS DE AVISO PRÉVIO

Aviso Prévio — Empregador(a)

Aviso Prévio

Venho por meio deste comunicar ao(a) Sr.(a)_____que, a partir do dia ____/____/____, os seus serviços não serão mais necessários nesta casa, servindo, pois, a presente como aviso de rescisão contratual.

( ) Deve cumprir aviso prévio trabalhando até _____

( ) Fica dispensado de cumprir o aviso, que será indenizado.

Local/Data

_____
Assinatura do(a) empregado(a)

Aviso Prévio (Pedido de demissão)

Aviso prévio

Venho por meio deste comunicar ao o(a) Sr.(a)_____que, a partir do dia ____/____/____, não mais prestarei meus serviços nesta casa, servindo, pois, a presente como aviso de rescisão contratual.

Local/Data

_____
Assinatura do(a) empregado(a)

MODELO DE TERMO DE RESCISÃO DE CONTRATO DE TRABALHO — TRCT[5]

TERMO DE RESCISÃO DE CONTRATO DE TRABALHO

Empregador(a): _____

Endereço: _____

CPF: _____

Empregado(a): _____

CTPS/Série: _____

Data de Admissão: ____/____/____   Data de Demissão: ____/____/____

Verbas Rescisórias

Aviso prévio: .... R$

13º Salário: .... R$

13º Proporcional: .... R$

Férias: .... R$

Férias Proporcionais: .... R$

1/3 Férias: .... R$

Saldo de Salário: .... R$

Total Bruto: .... R$

Descontos

Adiantamentos: ....R$

Contribuição Previdenciária (INSS): .... R$

Total: .... R$

Total Líquido: .... R$

Recebi a quantia líquida de R$_____ (_____)
como pagamento dos direitos trabalhistas que me são devidos em razão da rescisão do contrato de trabalho, pelo que dou a devida quitação.

Local/Data

_____
Assinatura do(a) empregado(a)

---

(5) O Ministério do Trabalho e Emprego — MTE, disponibiliza este modelo de TRCT no endereço eletrônico: <http://www.mte.gov.br/trab_domestico/trab_domestico_termo_rescisao.pdf>, o qual poderá ser utilizado no caso de demissão do empregado doméstico no caso em que o empregador **não** tenha feito opção pelo recolhimento do FGTS; caso contrário, o empregador deverá utilizar o modelo de TRCT definido pela Portaria 302, de 26 de junho de 2002, que aprova o modelo de Termo de Rescisão de Contrato de Trabalho a ser utilizado como recibo de quitação das verbas rescisórias e para o saque de FGTS.

MODELO DE TRCT DEFINIDO PELA PORTARIA 302/2002, A SER UTILIZADO COMO RECIBO DE QUITAÇÃO DAS VERBAS RESCISÓRIAS E PARA O SAQUE DE FGTS

TERMO DE RESCISÃO DO CONTRATO DE TRABALHO

IDENTIFICAÇÃO DO EMPREGADOR
- 01 CNPJ/CEI
- 02 Razão Social/Nome
- 03 Endereço (logradouro, nº, andar, apartamento)
- 04 Bairro
- 05 Município
- 06 UF
- 07 CEP
- 08 CNAE
- 09 CNPJ/CEI Tomador/Obra

IDENTIFICAÇÃO DO TRABALHADOR
- 10 PIS – PASEP
- 11 Nome
- 12 Endereço (logradouro, nº, andar, apartamento)
- 13 Bairro
- 14 Município
- 15 UF
- 16 CEP
- 17 Carteira de Trabalho (nº, série, UF)
- 18 CPF
- 19 Data de nascimento
- 20 Nome da mãe

DADOS DO CONTRATO
- 21 Remuneração p/ fins rescisórios
- 22 Data de admissão
- 23 Data do Aviso Prévio
- 24 Data de afastamento
- 25 Causa do afastamento
- 26 Cód. afastamento
- 27 Pensão alimentícia (%)
- 28 Categoria do trabalhador

DISCRIMINAÇÃO DAS VERBAS RESCISÓRIAS

	Valor		Valor	DEDUÇÕES	
29 Aviso Prévio Indenizado		38 Comissões		47 Previdência	
30 Saldo salário ___ dias		39 Gratificações		48 Previdência 13º salário	
31 13º Salário ___ /12 avos		40 Horas extras ___ horas		49 Adiantamentos	
32 13º Sal. Inden. ___ /12 avos		41 Adic. insalub./ periculosidade		50 IRRF	
33 Férias vencidas		42		51	
34 Férias proporc. ___ /12 avos		43		52	
35 1/3 salário s/ férias		44		53	
36 Salário família ___ dias		45		54 TOTAL DAS DEDUÇÕES	
37 Adicional noturno		46 TOTAL BRUTO		55 LIQUIDO A RECEBER	

FORMALIZAÇÃO DA RESCISÃO
- 56 Local e data do recebimento
- 57 Carimbo e assinatura do empregador ou preposto
- 58 Assinatura do trabalhador
- 59 Assinatura do responsável legal do trabalhador
- 60 HOMOLOGAÇÃO
- 61 Digital do trabalhador
- 62 Digital do responsável legal

Foi prestada, gratuitamente, assistência ao trabalhador, nos termos do art. 477, § 1º, da Consolidação das Leis do Trabalho – CLT, sendo comprovado, neste ato, o efetivo pagamento das verbas rescisórias acima especificadas.

Local e data

Carimbo e assinatura do assistente
- 63 Identificação do órgão homologador
- 64 Recepção pelo Banco (data e carimbo)

A ASSISTÊNCIA NO ATO DE RESCISÃO CONTRATUAL É GRATUITA

Especificações Técnicas do Termo de Rescisão do Contrato de Trabalho[6]

I — O modelo deverá ser plano e impresso em offset com 297 milímetros de altura e 210 milímetros de largura em papel com 75 gramas por metro quadrado.

II — O modelo deverá ser impresso em quatro vias, em papel A4, na cor branca.

III — As quatro vias deverão conter no verso, cabeça com cabeça, as Instruções de Preenchimento.

IV — Nas áreas hachuradas, aplicar retícula positiva a 10%, de 120 linhas por polegada, ponto redondo, com inclinação de 45 graus.

V — É facultada a confecção do Termo de Rescisão do Contrato de Trabalho em formulário contínuo, e o acréscimo de rubricas nos campos de número 29 (vinte e nove) a 55 (cinquenta e cinco), de acordo com as necessidades das empresas, desde que respeitada a seqüência das rubricas estabelecida no modelo e a distinção das colunas de pagamentos e deduções.

Instruções de Preenchimento do Termo de Rescisão do Contrato de Trabalho

— Os campos de número 01 a 55 serão preenchidos pelo empregador.

— Os campos de número 56 e 58 serão preenchidos pelo empregado, de próprio punho, salvo quando se tratar de analfabeto.

— Quando devida a homologação, a autoridade competente preencherá o campo 60 nas 4 (quatro) vias do Termo de Rescisão.

Campo 01 — Informar o número do Cadastro Nacional de Pessoas Jurídicas — CNPJ ou do Cadastro Específico do INSS — CEI.

Campo 08 — Informar a Classificação Nacional de Atividades Econômicas — CNAE.

Campo 09 — Informar a inscrição da empresa tomadora de serviços ou da obra de construção civil, quando for o caso.

Campos 19 e 22 — Formato DD/MM/AAAA.

Campo 23 — Formato DD/MM/AAAA. Informar a data em que foi concedido o aviso prévio.

Campo 24 — Formato DD/MM/AAAA. Informar a data do efetivo afastamento do empregado do serviço.

Campo 25 — Informar a causa do afastamento do empregado.

Campo 26 — Indicar o código de afastamento, de acordo com as instruções normativas/operacionais da CAIXA.

Campo 27 — Indicar o percentual devido a título de pensão alimentícia, quando for o caso.

Campo 28 — Indicar a categoria do trabalhador, de acordo com as instruções normativas/operacionais da CAIXA.

Campo 57 — Assinatura do empregador ou de seu representante devidamente habilitado.

---

(6) Todas as informações referentes às Especificações Técnicas e Instruções de Preenchimento do TRCT foram retiradas e estão disponíveis em: <http://www.mte.gov.br/legislacao/portarias/2002/p_20020626_302_anexo1.pdf>. Acesso em: 08 jan. 2008.

Campos 61 e 62 — Serão de preenchimento obrigatório quando se tratar de empregado e/ou representante legal analfabetos.

Campo 63 — Identificar o nome, endereço e telefone do órgão que prestou a assistência ao empregado. Quando for entidade sindical, deverá, também, ser informado o número do seu registro no Ministério do Trabalho e Emprego.

Campo 64 — Carimbo datador indicando a data de recepção do documento e o código do banco/agência.

MODELO DE RECLAMATÓRIA TRABALHISTA DOMÉSTICO

EXCELENTÍSSIMO SENHOR DOUTOR JUIZ DE DIREITO DA _____ VARA DO TRABALHO DE ......

...., (qualificação e endereço), por seu procurador adiante assinado ....,............... (qualificação e endereço), vem, com fundamento na legislação vigente propor

RECLAMAÇÃO TRABALHISTA

contra sua ex-empregadora ...., (qualificação e endereço), em razão dos fatos a seguir expostos, com o necessário requerimento ao final.

I – PRELIMINARMENTE

A Reclamante **requer os benefícios da Justiça Gratuita**, conforme previsão na legislação vigente, por se tratar de pessoa pobre no sentido legal, não tendo condições de arcar com o ônus do processo sem prejuízo do próprio sustento, declarando seu estado de pobreza sob as penas da lei.

DO PROCEDIMENTO SUMARÍSSIMO[7]

Os pedidos constantes da peça proemial chegam à monta de R$ ....(valor por extenso), valor este que se enquadra dentro dos parâmetros previstos para o rito supra mencionado, de acordo com o artigo 852-A da CLT.

II — DOS FATOS

1 – Do pacto laboral

A Reclamante começou a laborar para a Reclamada, na função de empregada doméstica, em ...../...../........, com a remuneração mensal de meio salário mínimo.

Laborava de segunda a domingo, inclusive nos feriados, das 7:00 às 20:00 horas.

Durante todo o período em que laborou para a Reclamada, não teve a Reclamante sua CTPS anotada.

---

(7) Nas reclamatórias trabalhistas cujo valor total dos pedidos não ultrapasse 40 (quarenta) vezes o salário mínimo vigente, deve-se observar o salário mínimo vigente.

Desligada imotivadamente em data de .../.../..., não houve prévia denúncia do pacto laboral, não recebendo até a presente data seu saldo de salário, referente a ...... dias do mês ...../......., verbas rescisórias, bem como o TRCT com código 01 para saque do FGTS e as guias do seguro desemprego[8].

2 — Do Aviso Prévio

A Reclamante não recebeu o valor referente ao aviso prévio indenizado, até a presente data, logo, a Reclamada deve ser compelida a efetuar o pagamento do aviso prévio conforme previsão constitucional.

3 — Das verbas previdenciárias

A Reclamante acredita que as verbas previdenciárias não estão sendo regularmente recolhidas, apesar de estar sendo descontada a sua parte, como provam os recibos de pagamento em anexo, devendo o INSS ser oficiado para tomar as medidas cabíveis.

4 — Das diferenças salariais

É previsto em nossa Carta Magna salário mínimo ao doméstico, conforme se verifica no parágrafo único do artigo 7º do Texto Maior, o que não ocorreu durante todo o pacto laboral, devendo a Reclamada ser condenada ao pagamento das diferenças salariais de todo o período, visto que conforme narrado anteriormente somente pagava a Reclamante meio salário mínimo por mês.

5 — Da gratificação natalina

Faz jus também ao recebimento de valores relativos à gratificação natalina incidente durante toda a contratualidade já que a Empregadora, nas suas devidas épocas não cumpria com tal obrigação.

6 — Das Férias + o terço constitucional

Da mesma forma, faz jus a Reclamante ao gozo do direito de férias, com o pagamento do adicional de um terço, que não veio a ser promovido pela Empregadora, durante toda a contratualidade.

7 — Do adicional de insalubridade

Ainda no desempenho de suas atribuições, se encontrava a Reclamante em contato com agentes tidos pela legislação como insalubres, sem, no entanto, receber o adicional respectivo.

8 — Do FGTS + 40%

Não há dúvidas de que o FGTS é facultativo ao empregado doméstico, contudo, no caso em tela, a Reclamada prometeu à Reclamante que faria opção pelo recolhimento do FGTS, o que nunca aconteceu efetivamente, e que agora vai causar grande prejuízo a obreira.

Destarte, a Reclamada deve ser condenada a proceder à anotação na carteira da Reclamante, fornecer o TRCT no código 1 e proceder com o pagamento *in totum* da referida verba, mais a multa indenizatória de 40 por cento.

III — DOS REQUERIMENTOS

Diante de tais fatos, Requer que esta MM. Junta marque data para a realização de audiência de instrução e julgamento, com a correspondente notificação da Reclamada, para que ofereça defesa, querendo, sob as penalidades legais.

---

[8] O doméstico somente fará *jus* ao seguro-desemprego caso o empregador tenha feito opção pelo recolhimento do Fundo de Garantia por Tempo de Serviço.

Para os devidos fins, requer a produção de prova testemunhal e pericial, cujo rol, quesitos e assistente técnico, serão oportunamente apresentados; a ouvida da Reclamada sob pena de confesso; e todas as demais em Direito admitidas e que se fizerem necessárias no transcorrer da instrução do feito.

Finalmente, requer que seja a presente julgada procedente, condenando a Reclamada a[9]:

— proceder ao pagamento do saldo de salário referente a .... dias do mês ...../.....;

— proceder o pagamento do aviso prévio, com a integração ao tempo de serviço, acrescido dos devidos reflexos e incidências legais;

— proceder o pagamento das diferenças salariais de todo período laborado, com os devidos reflexos e incidências legais, tendo em vista que a Reclamante sempre recebeu apenas meio salário mínimo mensal, ferindo frontalmente dispositivo constitucional;

— proceder o pagamento das gratificações natalinas incidentes em toda a contratualidade, com as devidas incidências e reflexos legais;

— proceder o pagamento de férias, acrescidas de um terço, incidentes em toda a contratualidade, com as devidas incidências e reflexos legais, inclusive dobra;

— proceder o pagamento das diferenças salariais, advindas durante toda a contratualidade;

— pagamento do adicional de insalubridade, com os devidos reflexos e incidências legais;

— proceder as necessárias anotações na carteira de trabalho, e liberação do TRCT no código 1, e o pagamento total do FGTS mais a multa indenizatória de 40 por cento;

— indenizações pecuniárias pela não entrega das guias de seguro desemprego em tempo hábil;

— seja expedido ofício para a DRT e INSS sobre as irregularidades aqui apontadas;

— Juros e atualização monetária sobre todas as parcelas acima;

Dá-se à presente o valor de R$ .... (....).

Termos em que pede deferimento.

...., ... de .... de ....

....

Advogado OAB/...

MODELO DE CONTESTAÇÃO TRABALHISTA DOMÉSTICO

EXCELENTÍSSIMO SENHOR DOUTOR JUIZ DE DIREITO DA _____ VARA DO TRABALHO DE ......

Processo n. 0001/2008

Reclamante: Fulana de Tal

Reclamada: Cicrana de Tal

............................., já qualificada nos autos do processo em epígrafe, vem mui respeitosamente à presença de V. Exa, por seu procurador adiante assinado ...., (qualificação e endereço), apresentar tempestivamente sua

---

(9) Com o advento da Lei n. 9.957, de 12 de janeiro de 2000, que trouxe o procedimento sumaríssimo, o pedido deve ser certo ou determinado e indicará o valor correspondente. Portanto, deverá ser discriminado o valor de cada verba pleiteada na inicial.

CONTESTAÇÃO

na reclamação trabalhista que lhe move ...., também já qualificada nos autos, em razão dos fatos aduzidos adiante, com o necessário requerimento ao final.

I — PRELIMINARMENTE — Ilegitimidade Passiva "Ad Causam"

A pretensão da Reclamante de ver a Reclamada responsabilizada pelos débitos trabalhistas em discussão, afigura-se desprovida de qualquer lastro fático ou legal.

Consabido, o artigo 3º do Código de Processo Civil, aplicável ao texto consolidado (CLT - art. 769), dispõe:

"Para propor ou contestar ação é necessário ter interesse e legitimidade."

A Reclamante jamais prestou serviços como empregada para a Reclamada, tendo em vista que entre ambas houve por curto período uma relação de trabalho EVENTUAL.

Diante disso, inexiste qualquer possibilidade da Reclamada responder no pólo passivo da presente demanda, pela simples razão de que, em momento algum, manteve relação de emprego com a Reclamante, na qual estivessem presentes os requisitos preconizados pelo artigo 3º celetário. E esta evidência não foi por ele desconstituída, como ônus que lhe cabe (CLT art. 818).

A propósito, nos ensina Valentin Carrion que *"ao autor cabe o ônus da prova do fato constitutivo de seu direito."* E, mais adiante, assinala: *"A existência de trabalho subordinado ou de contratação do empregado são fatos constitutivos para quem pretende qualquer direito que deles decorra."*[10] (grifamos)

Os nossos Tribunais também manifestam o mesmo entendimento, *verbis*:

"Quando se nega a existência de qualquer prestação de trabalho, a prova incumbe ao autor, por ser fato constitutivo. O contrário, obrigaria o réu a trazer contestação do fato negativo, com freqüência impossível na prática. [...]"[11]

Portanto, a Reclamada rechaça veementemente a existência de qualquer vínculo empregatício com a Autora, sendo impositiva a extinção do feito.

Isto posto, é a presente para requerer, com fulcro no artigo 267, VI do Código de Processo Civil, aplicável subsidiariamente ao texto consolidado (CLT art. 769), seja acolhida a presente preliminar, para o fim de julgar extinto o presente processo sem resolução do mérito, por se tratar de medida de inteira justiça.

II — NO MÉRITO

Caso ultrapassada a presente preliminar, o que se admite apenas *ad argumentandum*, sorte melhor não espera o reclamante, no plano meritório. Vejamos:

Do único acordo firmado entre as partes, somente ficou certo que a Reclamante iria prestar serviços de natureza EVENTUAL à Reclamada, como diarista em sua residência, em dois dias na semana, a critério da reclamante, sem qualquer subordinação à Reclamada.

---

(10) CARRION, Valentin. *Comentários à Consolidação das Leis do Trabalho.* 30. ed. São Paulo: Saraiva, 2005. p. 622.
(11) TRT/SP, RO 12.154/85, Valentin Carrion, Ac. 8ª T.

O horário de trabalho era a critério da Reclamante, sem qualquer controle de horário por parte da reclamada. Tendo-se em vista que a obreira laborava eventualmente, o horário era por ela estipulado sem qualquer interferência do reclamado.

Pelos aspectos, *retro* abordados, claro está que pelas condições da prestação laboral sustentada pela Reclamante na exordial, não há o que se falar em relação de emprego pelos requisitos ensejadores e pela situação fática.

Nesse diapasão tem entendido e decidido o Egrégio Tribunal Superior do Trabalho:

DIARISTA. VÍNCULO DE EMPREGO. A diarista, que presta serviços em dias alternados em casa de família, não tem vínculo empregatício como doméstica, em face do não-preenchimento dos requisitos necessários à caracterização da relação de emprego. Recurso de revista conhecido e desprovido. *(TST; RR 75.557/2003-900-02-00.8; Segunda Turma; Rel. Min. Vantuil Abdala; DJU 28.03.2008; Pág. 238)*

Portando a Reclamante não faz jus às verbas postuladas abaixo:

— Do Aviso Prévio — Não havendo relação de emprego ou qualquer outro tipo de contrato por prazo indeterminado ou não, não há que se falar em pagamento de aviso prévio, portanto, indevido.

— Das verbas previdenciárias — A própria legislação Previdenciária define o EVENTUAL como segurado obrigatório, contribuinte individual, conforme se verifica no artigo 12, V, "g" da Lei n. 8.212/91.

Portanto, no caso em tela não há que se falar em recolhimento das verbas previdenciárias por parte da reclamada e tão-somente por parte da Reclamante, em face a seu tipo de trabalho.

— Das diferenças salariais — Não há que se falar em diferenças de salário, haja visto que a Reclamante jamais percebeu salário da Reclamada, apenas diárias pelas poucas vezes que laborou em suas residência.

Destarte, também trata-se de verba totalmente indevida como as demais ora pleiteadas.

— Da gratificação natalina — Na relação de trabalho do EVENTUAL não há que se falar em gratificação natalina.

O EVENTUAL já coloca sua diária em valores bem superiores ao valor que é pago ao empregado, para garantir que tais verbas já estejam embutidas no valor da diária.

— Das Férias + o terço constitucional — Não havendo relação de emprego entre reclamante e Reclamada, não há que se falar em pagamento de férias e tampouco do terço constitucional.

— Do adicional de insalubridade — Ainda mais absurdo é o pedido de adicional de insalubridade, totalmente incabível no caso em tela, ainda que fosse considerada relação de emprego doméstico.

Assim, trata-se de pretensão esdrúxula que deve ser rechaçada de plano, por ser totalmente indevida.

— Do FGTS + 40% — Até para o doméstico o FGTS é facultativo, para o EVENTUAL não há que sequer considerar o pleito em questão, portanto, trata-se de verba totalmente indevida.

DOCUMENTOS JUNTADOS PELA RECLAMANTE

Todos os documentos juntados pela Reclamante em nada a socorrem, pois nenhum deles possui o condão de provar os argumentos, fatos e pedidos constantes da peça exordial, e tampouco a existência de vínculo empregatício entre as partes. Outrossim, a Reclamada impugna os documentos que não estejam em conformidade com o artigo 830 da CLT, ou relativos a terceiros e os preparados unilateralmente, bem como os em que não há identificação do Reclamante e/ou da Reclamada, se houver.

COMPENSAÇÃO

Na hipótese de condenação em qualquer dos itens postulados, a Reclamada, desde já, requer a compensação de todos os valores que tenham sido antecipados ou pagos a mais do que o devido à Reclamante, com base no art. 767 da CLT.

Isto posto requer-se:

a) seja acolhida a preliminar eriçada, com fulcro no artigo 267, VI do Código de Processo Civil, aplicável subsidiariamente ao texto consolidado (CLT art. 769), seja julgado extinto o presente processo sem resolução do mérito;

b) a produção de todas as provas em Direito admitidas, mormente o depoimento pessoal do Reclamante e a oitiva de testemunhas;

c) seja julgada totalmente improcedente, no mérito, a presente Reclamação Trabalhista, na conformidade do aduzido *supra*, e como mediante de justiça e de Direito.

Nestes termos,

pede deferimento.

...., ... de .... de ....

....

Advogado OAB/...

RELAÇÃO DE DOCUMENTOS SOLICITADOS PELA PREVIDÊNCIA SOCIAL PARA REQUERIMENTO DE APOSENTADORIA POR IDADE DO EMPREGADO DOMÉSTICO[12]

APOSENTADORIA POR IDADE
Empregado(a) Doméstico(a)

O benefício pode ser solicitado nas Agências da Previdência Social mediante o cumprimento das exigências cumulativas e a apresentação dos seguintes documentos:

Número de Identificação do Trabalhador — NIT (PIS/PASEP) ou número de inscrição do contribuinte individual/empregado-doméstico;

Carteira de Trabalho e Previdência Social;

Cadastro de Pessoa Física — CPF;

Certidão de Nascimento ou Casamento.

Formulário:

Procuração (se for o caso), acompanhada de documento de identificação e CPF do procurador.

---

(12) Disponível em <http://menta2.dataprev.gov.br/df/prevdoc/benef/pg_internet/iben_visudoc.asp?id_doc=6>. Acesso em: 9 ago. 2007.

Exigências cumulativas para o recebimento deste tipo de benefício:

1 — Comprovar número mínimo de contribuições mensais que são definidas como carência no art. 24 da Lei n. 8.213/91.

1.1 — A primeira contribuição a ser contada deve ter o seu pagamento efetuado dentro do prazo legal de vencimento (art. 30 da Lei n. 8.212/91).

1.2 — O tempo de recebimento de auxílio-doença ou de aposentadoria por invalidez, intercalado com período de atividade não é computado para efeito de carência (art. 55 da Lei n. 8.213/91 e art. 60 do Regulamento aprovado pelo Decreto n. 3.048/99);

1.3 — Para os segurados que começaram a contribuir para a Previdência Social a partir de 25.07.1991, 180 contribuições mensais (inciso II, art. 25 da Lei n. 8.213/91).

Para os segurados que começaram a contribuir para a Previdência Social antes de 25.07.1991 o número de meses indicados na tabela progressiva de carência (art. 142 da Lei n. 8.213/91, com redação dada pela Lei n. 9.032/95).

1.4 — O tempo de serviço como trabalhador rural, anterior à 11/1991, não é computado para efeito de carência (§ 2º, art. 55 da Lei n. 8.213/91);

2 — Idade mínima de 65 anos se homem e 60 anos se mulher (art. 48 da Lei n. 8.213/91).

Informações complementares:

A inclusão do tempo de contribuição prestado em outros regimes de previdência dependerá da apresentação de "Certidão de Tempo de Contribuição" emitida pelo órgão de origem.

Para inclusão de tempo de serviço militar, apresentar Certificado de Reservista ou Certidão emitida pelo Min. do Exército, Marinha ou Aeronáutica.

IMPORTANTE:

Se foi exercida atividade em mais de uma categoria, consulte a relação de documentos de cada categoria exercida, prepare a documentação, verifique as exigências cumulativas e solicite o benefício nas Agências da Previdência Social.

De acordo com o Decreto n. 4.079, de 09 de janeiro de 2002, a partir de 01.07.1994 os dados constantes no Cadastro Nacional de Informações Sociais — CNIS valem para todos os efeitos como prova de filiação à Previdência Social, relação de emprego, tempo de serviço ou de contribuição e salários-de-contribuição, podendo, em caso de dúvida, ser exigida pelo INSS a apresentação dos documentos que serviram de base à anotação, sendo que poderá ser solicitada, a qualquer momento, a inclusão, exclusão ou retificação das informações constantes do CNIS com a apresentação de documentos comprobatórios dos dados divergentes, conforme critérios definidos pelo INSS.

ATENÇÃO: A apresentação do CPF é obrigatória para o requerimento dos benefícios da Previdência Social.

Caso não possua o Cadastro de Pessoa Física — CPF, providencie-o junto à Receita Federal, Banco do Brasil ou Empresa de Correios e Telégrafos — ECT e apresente-o à Previdência Social no prazo máximo de até 60 dias após ter requerido o benefício, sob pena de ter o benefício cessado.

RELAÇÃO DE DOCUMENTOS SOLICITADOS PELA PREVIDÊNCIA SOCIAL PARA REQUERIMENTO DE AUXÍLIO-DOENÇA OU APOSENTADORIA POR INVALIDEZ DO EMPREGADO DOMÉSTICO[13]

AUXÍLIO-DOENÇA OU APOSENTADORIA POR INVALIDEZ
Segurado(a) Empregado(a) Doméstico(a)

O benefício pode ser solicitado nas Agências da Previdência Social mediante o cumprimento das exigências cumulativas e a apresentação dos seguintes documentos:

Número de Identificação do Trabalhador — NIT (PIS/PASEP) ou número de inscrição do contribuinte individual/empregado-doméstico;

Carteira de Trabalho e Previdência Social;

Atestado Médico, Exames de Laboratório, Atestado de Internação Hospitalar, Atestados de Tratamento Ambulatorial, dentre outros que comprovem o tratamento médico;

Cadastro de Pessoa Física — CPF;

Formulários:

Procuração (se for o caso), acompanhada de documento de identificação e CPF do procurador.

Exigências cumulativas para recebimento deste tipo de benefício:

1. Parecer da Perícia Médica atestando a incapacidade física e/ou mental para o trabalho ou para atividades pessoais (art. 59 da Lei n. 8.213/91).

2. Comprovação da qualidade de segurado (art. 15 da Lei n. 8.213/91 e arts. 13 e 14 do Regulamento aprovado pelo Decreto n. 3.048/99).

3. Carência de no mínimo 12 contribuições mensais (arts. 24 a 26 da Lei n. 8.213/91 e arts. 26 a 30 do Regulamento citado no ítem anterior).

Informações complementares:

No caso de o segurado requerer o benefício após 30 dias da data do início da incapacidade o mesmo será devido a partir da data de entrada do requerimento.

IMPORTANTE:

Se foi exercida atividade em mais de uma categoria, consulte a relação de documentos de cada categoria exercida, prepare a documentação, verifique as exigências cumulativas e solicite o benefício nas Agências da Previdência Social.

De acordo com o Decreto n. 4.079, de 09 de janeiro de 2002, a partir de 01.07.1994 os dados constantes no Cadastro Nacional de Informações Sociais — CNIS valem para todos os efeitos como prova de filiação à Previdência Social, relação de emprego, tempo de serviço ou de contribuição e salários-de-contribuição, podendo, em caso de dúvida, ser exigida pelo INSS a apresentação dos documentos que serviram de base à anotação, sendo que poderá ser solicitado, a qualquer momento, a inclusão, exclusão ou retificação das informações constantes do CNIS com a apresentação de documentos comprobatórios dos dados divergentes, conforme critérios definidos pelo INSS.

---

(13) Disponível em < http://menta2.dataprev.gov.br/df/prevdoc/benef/pg_internet/iben_visudoc.asp?id_doc=19> . Acesso em: 9 ago. 2007.

ATENÇÃO: A apresentação do CPF é obrigatória para o requerimento dos benefícios da Previdência Social.

Caso não possua o Cadastro de Pessoa Física - CPF, providencie-o junto à Receita Federal, Banco do Brasil ou Empresa de Correios e Telégrafos — ECT e apresente-o à Previdência Social no prazo máximo de até 60 dias após ter requerido o benefício, sob pena de ter o benefício cessado.

RELAÇÃO DE DOCUMENTOS SOLICITADOS PELA PREVIDÊNCIA SOCIAL PARA REQUERIMENTO DE APOSENTADORIA POR TEMPO DE CONTRIBUIÇÃO DO EMPREGADO DOMÉSTICO.[14]

APOSENTADORIA POR TEMPO DE CONTRIBUIÇÃO
Empregado(a) Doméstico(a)

O benefício pode ser solicitado nas Agências da Previdência Social mediante o cumprimento das exigências cumulativas e a apresentação dos seguintes documentos:

Número de Identificação do Trabalhador —NIT (PIS/PASEP) ou número de inscrição do contribuinte individual/empregado-doméstico;

Carteira de Trabalho e Previdência Social;

Todos os Comprovantes de Recolhimento à Previdência Social (Guias e carnês de recolhimento, antigas cadernetas de selos), para períodos anteriores a julho de 1994;

Cadastro de Pessoa Física — CPF

Formulários:

Procuração (se for o caso), acompanhada de documento de identificação e CPF do procurador.

Exigências cumulativas para o recebimento deste tipo de benefício:

1 — Comprovar número mínimo de contribuições mensais que são definidas como carência no artigo 24 da Lei n. 8.213/91.

1.1 — A primeira contribuição a ser contada deve ter o seu pagamento efetuado dentro do prazo legal de vencimento (art. 30 da Lei n. 8.212/91).

1.2 - O tempo de recebimento de auxílio-doença ou de aposentadoria por invalidez, intercalado com período de atividade não é computado para efeito de carência (art. 55 da Lei n. 8.213/91 e art. 60 do Regulamento aprovado pelo Decreto n. 3.048/99);

1.3 — Para os segurados que começaram a contribuir para a Previdência Social a partir de 25.07.1991, 180 contribuições mensais (inciso II, art. 25 da Lei n. 8.213/91).

1.4 — Para os segurados que começaram a contribuir para a Previdência Social antes de 25.07.1991 o número de meses indicados na tabela progressiva de carência (art. 142 da Lei n. 8.213/91, com redação dada pela Lei n. 9.032/95).

1.5 — O tempo de serviço como trabalhador rural, anterior à 11/1991, não é computado para efeito de carência (§ 2º, art. 55 da Lei n. 8.213/91).

---

(14) Disponível em <http://menta2.dataprev.gov.br/df/prevdoc/benef/pg_internet/iben_visudoc.asp?id_doc=14> . Acesso em: 9 ago. 2007.

2 — Até 16.12.1998 para aposentadoria proporcional, tempo mínimo de contribuição de 30 anos, se homem e 25 anos, se mulher (art. 52 da Lei n. 8.213/91);

2.1 — Caso implemente tempo mínimo após 16.12.1998 deverá possuir 53 anos de idade, se homem e 48 anos, se mulher e também cumprir um adicional de 40% sobre o tempo que, em 16.12.1998, faltava para aposentadoria proporcional (§ 1º, art. 9º da Emenda Constitucional n. 20);

3 — Para aposentadoria integral 35 anos, se homem, e 30 anos, se mulher (§ 7º, art. 201 da Constituição Federal com as alterações da Emenda Constitucional n. 20).

Informações complementares:

Para períodos de atividade sob condições especiais apresentar o formulário:

Informações S/ Atividades Exercidas em Condições Especiais/Perfil Profissiográfico Previdenciário — PPP, acompanhado do Laudo Técnico Pericial.

Para períodos de atividade rural apresentar os documentos que constam na relação de Documentos de Comprovação de Atividade Rural em nome do requerente, que constam no PREVFácil e Internet.

A inclusão do tempo de contribuição prestado em outros regimes de previdência dependerá da apresentação de "Certidão de Tempo de Contribuição" emitida pelo órgão de origem.

Para inclusão de tempo de serviço militar, apresentar Certificado de Reservista ou Certidão emitida pelo Min. Exército, Marinha ou Aeronáutica.

IMPORTANTE:

Se foi exercida atividade em mais de uma categoria, consulte a relação de documentos de cada categoria exercida, prepare a documentação, verifique as exigências cumulativas e solicite o benefício nas Agências da Previdência Social.

De acordo com o Decreto n. 4.079, de 09 de janeiro de 2002, a partir de 01.07.1994 os dados constantes no Cadastro Nacional de Informações Sociais — CNIS valem para todos os efeitos como prova de filiação à Previdência Social, relação de emprego, tempo de serviço ou de contribuição e salários-de-contribuição, podendo, em caso de dúvida, ser exigida pelo INSS a apresentação dos documentos que serviram de base à anotação, sendo que poderá ser solicitado, a qualquer momento, a inclusão, exclusão ou retificação das informações constantes do CNIS com a apresentação de documentos comprobatórios dos dados divergentes, conforme critérios definidos pelo INSS.

ATENÇÃO: A apresentação do CPF é obrigatória para o requerimento dos benefícios da Previdência Social.

Caso não possua o Cadastro de Pessoa Física — CPF, providencie-o junto à Receita Federal, Banco do Brasil ou Empresa de Correios e Telégrafos — ECT e apresente-o à Previdência Social no prazo máximo de até 60 dias após ter requerido o benefício, sob pena de ter o benefício cessado.

LEGISLAÇÃO CONCERNENTE AO TRABALHADOR DOMÉSTICO EM ORDEM CRONOLÓGICA

LEI N.5.859, DE 11 DE DEZEMBRO DE 1972. (Publicada no DOU de 12.12.1972)

COM ALTERAÇÕES DA LEI 11.324, DE 19 DE JULHO DE 2006. (Publicada no DOU de 20.07.2006)

Dispõe sobre a profissão de empregado doméstico e dá outras providências.

O PRESIDENTE DA REPÚBLICA, faço saber que o CONGRESSO NACIONAL decreta e eu sanciono a seguinte Lei:

Art. 1º Ao empregado doméstico, assim considerado aquele que presta serviços de natureza contínua e de finalidade não lucrativa à pessoa ou à família no âmbito residencial destas, aplica-se o disposto nesta lei.

Art. 2º Para admissão ao emprego deverá o empregado doméstico apresentar:

I — Carteira de Trabalho e Previdência Social;

II — Atestado de boa conduta;

III — Atestado de saúde, a critério do empregador.

Art. 2º-A. É vedado ao empregador doméstico efetuar descontos no salário do empregado por fornecimento de alimentação, vestuário, higiene ou moradia. (*Artigo acrescentado pela Lei n. 11.324, de 19.07.2006 — DOU 20.07.2006*)

§ 1º Poderão ser descontadas as despesas com moradia de que trata o caput deste artigo quando essa se referir a local diverso da residência em que ocorrer a prestação de serviço, e desde que essa possibilidade tenha sido expressamente acordada entre as partes. (*Parágrafo acrescentado pela Lei n. 11.324, de 19.07.2006 — DOU 20.07.2006*)

§ 2º As despesas referidas no caput deste artigo não têm natureza salarial nem se incorporam à remuneração para quaisquer efeitos.(*Parágrafo acrescentado pela Lei n. 11.324, de 19.07.2006 — DOU 20.07.2006*)

Art. 3º O empregado doméstico terá direito a férias anuais remuneradas de 30 (trinta) dias com, pelo menos, 1/3 (um terço) a mais que o salário normal, após cada período de 12 (doze) meses de trabalho, prestado à mesma pessoa ou família. (*Artigo alterado pela Lei n. 11.324, de 19.07.2006 — DOU 20.07.2006*)

Art. 3º-A. É facultada a inclusão do empregado doméstico no Fundo de Garantia do Tempo de Serviço — FGTS, de que trata a Lei n. 8.036, de 11 de maio de 1990, mediante requerimento do empregador, na forma do regulamento. (*Artigo incluído pela Lei n. 10.208, de 23.3.2001*)

Art. 4º Aos empregados domésticos são assegurados os benefícios e serviços da Lei Orgânica da Previdência Social na qualidade de segurados obrigatórios.

Art. 4º-A. É vedada a dispensa arbitrária ou sem justa causa da empregada doméstica gestante desde a confirmação da gravidez até 5 (cinco) meses após o parto. (*Artigo acrescentado pela Lei n. 11.324, de 19.07.2006 — DOU 20.07.2006*)

Art. 5º Os recursos para o custeio do plano de prestações provirão das contribuições abaixo, a serem recolhidas pelo empregador até o último dia do mês seguinte àquele a que se referirem e incidentes sobre o valor do salário-mínimo da região:

I — 8% (oito por cento) do empregador;

II — 8% (oito por cento) do empregado doméstico.

Parágrafo único. A falta do recolhimento, na época própria das contribuições previstas neste artigo sujeitará o responsável ao pagamento do juro moratório de 1% (um por cento) ao mês, além da multa variável de 10% (dez por cento) a 50% (cinqüenta por cento) do valor do débito.

Art. 6º Não serão devidas quaisquer das contribuições discriminadas nos itens II a VII da Tabela constante do art. 3º do Decreto n. 60.466, de 14 de março de 1967.

Art. 6º-A. O empregado doméstico que for dispensado sem justa causa fará jus ao benefício do seguro-desemprego, de que trata a Lei no 7.998, de 11 de janeiro de 1990, no valor de um salário mínimo, por um período máximo de três meses, de forma contínua ou alternada. *(Artigo incluído pela Lei n. 10.208, de 23.3.2001)*

§ 1º O benefício será concedido ao empregado inscrito no FGTS que tiver trabalhado como doméstico por um período mínimo de quinze meses nos últimos vinte e quatro meses contados da dispensa sem justa causa. *(Parágrafo incluído pela Lei n. 10.208, de 23.3.2001)*

§ 2º Considera-se justa causa para os efeitos desta Lei as hipóteses previstas no art. 482, com exceção das alíneas "c" e "g" e do seu parágrafo único, da Consolidação das Leis do Trabalho. *(Parágrafo incluído pela Lei n. 10.208, de 23.3.2001)"*

Art. 6º-B. Para se habilitar ao benefício, o trabalhador deverá apresentar ao órgão competente do Ministério do Trabalho e Emprego: *(Artigo incluído pela Lei n. 10.208, de 23.3.2001)*

I — Carteira de Trabalho e Previdência Social, na qual deverão constar a anotação do contrato de trabalho doméstico e a data da dispensa, de modo a comprovar o vínculo empregatício, como empregado doméstico, durante pelo menos quinze meses nos últimos vinte e quatro meses; *(Inciso incluído pela Lei n. 10.208, de 23.3.2001)*

II — termo de rescisão do contrato de trabalho atestando a dispensa sem justa causa; *(Inciso incluído pela Lei n. 10.208, de 23.3.2001)*

III — comprovantes do recolhimento da contribuição previdenciária e do FGTS, durante o período referido no inciso I, na condição de empregado doméstico; *(Inciso incluído pela Lei n. 10.208, de 23.3.2001)*

IV — declaração de que não está em gozo de nenhum benefício de prestação continuada da Previdência Social, exceto auxílio-acidente e pensão por morte; e *(Inciso incluído pela Lei n. 10.208, de 23.3.2001)*

V — declaração de que não possui renda própria de qualquer natureza suficiente à sua manutenção e de sua família. *(Inciso incluído pela Lei n. 10.208, de 23.3.2001)*

Art. 6º-C. O seguro-desemprego deverá ser requerido de sete a noventa dias contados da data da dispensa. *(Artigo incluído pela Lei n. 10.208, de 23.3.2001)*

Art. 6º-D. Novo seguro-desemprego só poderá ser requerido a cada período de dezesseis meses decorridos da dispensa que originou o benefício anterior. *(Artigo incluído pela Lei n. 10.208, de 23.3.2001)*

Art. 7º Esta Lei será regulamentada no prazo de 90 (noventa) dias vigorando 30 (trinta) dias após a publicação do seu regulamento.

Art. 8º Revogam-se as disposições em contrário.

Brasília, 11 de dezembro de 1972; 151º da Independência e 84º da República.

EMÍLIO G. MÉDICI

Júlio Barata

DECRETO N.71.885, DE 9 DE MARÇO DE 1973 (Publicado no DOU de 9.03.1973)

Aprova o Regulamento da Lei n. 5.859, de dezembro de 1972, que dispõe sobre a profissão de empregado doméstico, e dá outras providências

O PRESIDENTE DA REPÚBLICA, usando da atribuição que lhe confere o art. 81, item III, da Constituição, e tendo em vista o disposto no art. 7º da Lei n. 5.859, de 11 de dezembro de 1972,

DECRETA:

Art 1º São assegurados aos empregados domésticos os benefícios e serviços da Lei Orgânica da Previdência Social, na conformidade da *Lei n. 5.859*, de 11 de dezembro de 1972.

Art 2º Excetuando o Capítulo referente a férias, não se aplicam aos empregados domésticos as demais disposições da Consolidação das Leis do Trabalho.

Parágrafo único. As divergências entre empregado e empregador doméstico relativas as férias e anotação na Carteira do Trabalho e Previdência Social, ressalvada a competência da Justiça do Trabalho, serão dirimidas pela Delegacia Regional do Trabalho.

Art 3º Para os fins constantes da Lei n. 5.859, de 11 de dezembro de 1972, considera-se:

I — empregado Doméstico aquele que presta serviços de natureza continua e de finalidade não lucrativa a pessoa ou à família, no âmbito residencial destas.

II — empregador doméstico a pessoa ou família que admita a seu serviço empregado doméstico.

Art 4º O empregado doméstico, ao ser admitido no emprego, deverá apresentar os seguintes documentos:

I — Carteira de Trabalho e Previdência Social.

II — Atestado de Boa Conduta emitido por autoridade policial, ou por pessoa idônea, a juízo do empregador.

III — Atestado de Saúde, subscrito por autoridade médica responsável, a critério do empregador doméstico.

Art 5º Na Carteira de Trabalho e Previdência Social do empregado doméstico serão feitas, pelo respectivo empregador, as seguintes anotações:

I — data de admissão.

II — salário mensal ajustado.

III — início e término das férias.

IV — data da dispensa.

Art 6º Após cada período contínuo de 12 (doze) meses de trabalho prestado à mesma pessoa ou família, a partir da vigência Regulamento, o empregado doméstico fará jus a férias remuneradas, nos termos da Consolidação das Leis Trabalho de 20 (vinte) dias úteis, ficando a critério do empregador doméstico a fixação do período correspondente.

Art 7º Filiam-se à Previdência Social, como segurados obrigatórios, os que trabalham como empregados domésticos no território nacional, na forma do disposto na alínea I do art. 3º deste Regulamento.

Art 8º O limite de 60 anos para Filiação à Previdência Social, previsto no art. 4º do Decreto-lei n. 710, de 28 de julho de 1969, não se aplica ao empregado doméstico que:

I — inscrito como segurado facultativo para todos os efeitos, nessa qualidade já vinha contribuindo na forma da legislação anterior.

II — já sendo segurado obrigatório, tenha adquirido ou venha a adquirir a condição de empregado doméstico, após se desligar de emprego ou atividade de que decorria aquela situação.

Art 9º Considera-se á inscrito para os efeitos da Lei n. 5.859 de 11 de dezembro de 1972, o empregado doméstico que se qualificar, junto ao Instituto Nacional de Previdência Social, mediante apresentação da Carteira do Trabalho e Previdência Social.

§ 1º Os empregados Domésticos, inscritos como segurados facultativos, passam a partir da vigência deste Regulamento, à condição de segurados obrigatórios, independentemente de nova inscrição.

§ 2º A inscrição dos dependentes incumbe ao próprio segurado e será feita, sempre que possível, no ato de sua inscrição.

Art 10. O auxílio-doença e a aposentadoria por invalidez do empregado doméstico serão devidos a contar da data de entrada do respectivo requerimento.

Art 11. O custeio das prestações a que se refere o presente Regulamento será atendido pelas seguintes contribuições:

I — do segurado, em percentagem correspondente a 8% (oito por cento) do seu salário-de-contribuição, assim considerado, para os efeitos deste Regulamento, o valor do salário-mínimo regional.

II — do empregador doméstico, em quantia igual à que for devida pelo segurado.

Parágrafo único. Quando a admissão, dispensa ou afastamento do empregado doméstico ocorrer no curso do mês, a contribuição incidirá sobre 1/30 avós do salário — mínimo regional por dia de trabalho efetivamente prestado.

Art 12. O recolhimento das contribuições, a cargo empregador doméstico, será realizado na forma das instruções a serem baixadas pelo Instituto Nacional de Previdência Social, em formulário próprio, individualizado por empregado doméstico.

Parágrafo único. Não recolhendo na época própria as contribuições a seu cargo, ficará o empregador doméstico sujeito às penalidades previstas no art. 165 do Regulamento Geral da Previdência Social, aprovado pelo Decreto n. 60.501, de 14 de março de 1969.

Art 13. Aplica-se ao empregado doméstico e respectivo empregador no que couber, o disposto no Regulamento Geral da Previdência Social aprovado pelo Decreto n. 60.501, de 14 de março de 1969.

Art 14. O Ministro do Trabalho e Previdência Social baixará as instruções necessárias à execução do presente Regulamento.

Art 15. O presente Regulamento entrará em vigor 30 (trinta) dias após sua publicação, revogadas as disposições em contrário.

Brasília, 9 de março de 1973; 152º da Independência e 85º da República.

EMÍLIO G. MÉDICI

Júlio Barata

LEI N.7.195, DE 12 DE JUNHO DE 1984 (Publicada no DOU de 13.06.1984)

Dispõe sobre a responsabilidade civil das Agências de Empregados Domésticos

O PRESIDENTE DA REPÚBLICA: Faço saber que o Congresso Nacional decreta e eu sanciono a seguinte Lei:

Art. 1º As agências especializadas na indicação de empregados domésticos são civilmente responsáveis pelos atos ilícitos cometidos por estes no desempenho de suas atividades.

Art. 2º No ato da contratação, a agência firmará compromisso com o empregador, obrigando-se a reparar qualquer dano que venha a ser praticado pelo empregado contratado, no período de 1 (um) ano.

Art. 3º Esta Lei entra em vigor na data de sua publicação.

Art. 4º Revogam-se as disposições em contrário.

Brasília, 12 de junho de 1984; 163º da Independência e 96º da República.

DECRETO N.95.247, DE 17 DE NOVEMBRO DE 1987. (Publicado no DOU de 18.11.1987)

Regulamenta a Lei n. 7.418, de 16 de dezembro de 1985, que institui o Vale-Transporte, com a alteração da Lei n. 7.619, de 30 de setembro de 1987.

O PRESIDENTE DA REPÚBLICA, no uso da atribuição que lhe confere o art. 81, item III, da Constituição, e tendo em vista o disposto na Lei n. 7.418, de 16 de dezembro de 1985, alterada pela Lei n. 7.619, de 30 de setembro de 1987,

DECRETA:

CAPÍTULO I

Dos Beneficiários e do Benefício do Vale-Transporte

Art. 1º São beneficiários do Vale-Transporte, nos termos da Lei n.7.418, de 16 de dezembro de 1985, os trabalhadores em geral, tais como: (Com a redação dada pelo Decreto n.2.880, de 15.12.1998)

I — os empregados, assim definidos no art. 3º da Consolidação das Leis do Trabalho;

II — os empregados domésticos, assim definidos na Lei n. 5.859, de 11 de dezembro de 1972;

III — os trabalhadores de empresas de trabalho temporário, de que trata a Lei n. 6.019, de 3 de janeiro de 1974;

IV — os empregados a domicílio, para os deslocamentos indispensáveis à prestação do trabalho, percepção de salários e os necessários ao desenvolvimento das relações com o empregador;

V — os empregados do subempreiteiro, em relação a este e ao empreiteiro principal, nos termos do art. 455 da Consolidação das Leis do Trabalho;

VI — os atletas profissionais de que trata a Lei n. 6.354, de 2 de setembro de 1976;

VII — (Revogado pelo Decreto n.2.880, de 15.12.1998).

Parágrafo único. Para efeito deste decreto, adotar-se-á a denominação beneficiário para identificar qualquer uma das categorias mencionadas nos diversos incisos deste artigo.

[...]

Art. 36. Este decreto entra em vigor na data de sua publicação.

Art. 37. Revogam-se as disposições em contrário e em especial o Decreto n. 92.180, de 19 de dezembro de 1985.

Brasília, 17 de novembro de 1987; 166º da Independência e 99º da República.

JOSÉ SARNEY

Prisco Viana

DECRETO N. 3.361 DE 10 DE FEVEREIRO DE 2000
(Publicado no DOU de 11.02.2000)

Regulamenta dispositivos da Lei n. 5.859, de 11 de dezembro de 1972, que dispõe sobre a profissão de empregado doméstico, para facultar o acesso do empregado doméstico ao Fundo de Garantia do Tempo de Serviço — FGTS e ao Programa do Seguro-Desemprego.

O PRESIDENTE DA REPÚBLICA, no uso da atribuição que lhe confere o art. 84, inciso IV, da Constituição, e tendo em vista o disposto na Lei n.5.859, de 11 de dezembro de 1972, com as alterações introduzidas pela Medida Provisória n.1.986-2, de 10 de fevereiro de 2000,

DECRETA :

Art. 1º O empregado doméstico poderá ser incluído no Fundo de Garantia do Tempo de Serviço — FGTS, de que trata a Lei n. 8.036, de 11 de maio de 1990, mediante requerimento do empregador, a partir da competência março do ano 2000.

§ 1º Para efeito deste Decreto, o requerimento consistirá na apresentação da guia de recolhimento do FGTS, devidamente preenchida e assinada pelo empregador, na Caixa Econômica Federal — CEF ou na rede arrecadadora a ela conveniada.

§ 2º Efetivado o primeiro depósito na conta vinculada, o empregado doméstico será automaticamente incluído no FGTS.

Art. 2º A inclusão do empregado doméstico no FGTS é irretratável com relação ao respectivo vínculo contratual e sujeita o empregador às obrigações e penalidades previstas na Lei n.8.036, de 1990.

Art. 3º O benefício do seguro-desemprego de que trata a Lei n. 5.859, de 11 de dezembro de 1972, será concedido ao trabalhador, vinculado ao FGTS, que tiver trabalhado como doméstico por um período mínimo de quinze meses nos últimos vinte e quatro meses, contados da data de sua dispensa sem justa causa.

Art. 4º Para se habilitar ao seguro-desemprego, o trabalhador deverá apresentar ao órgão competente do Ministério do Trabalho e Emprego:

I — Carteira de Trabalho e Previdência Social, na qual deverá constar a anotação do contrato de trabalho doméstico e a data da dispensa, de modo a comprovar o vínculo empregatício, como empregado doméstico, durante pelo menos quinze meses nos últimos vinte e quatro meses;

II — termo de rescisão do contrato de trabalho atestando a dispensa sem justa causa;

III — comprovantes do recolhimento da contribuição previdenciária e do FGTS, durante o período referido no inciso I, na condição de empregado doméstico;

IV — declaração de que não está em gozo de nenhum benefício de prestação continuada da Previdência Social, exceto auxílio-acidente e pensão por morte; e

V — declaração de que não possui renda própria de qualquer natureza, suficiente à sua manutenção e de sua família.

§ 1º Na contagem do tempo de serviço de que trata o inciso I deste artigo, serão considerados os meses em que foram efetuados depósitos no FGTS, em nome do trabalhador como empregado doméstico, por um ou mais empregadores.

§ 2º Considera-se um mês de atividade, para efeito do inciso I deste artigo, a fração igual ou superior a quinze dias.

Art. 5º O valor do benefício do seguro-desemprego do empregado doméstico corresponderá a um salário mínimo e será concedido por um período máximo de três meses, de forma contínua ou alternada, a cada período aquisitivo de dezesseis meses.

Parágrafo único. O benefício do seguro-desemprego só poderá ser requerido novamente a cada período de dezesseis meses decorridos da dispensa que originou o benefício anterior, desde que satisfeitas as condições estabelecidas no artigo anterior.

Art. 6º A CEF definirá os procedimentos operacionais necessários à inclusão do empregado doméstico e seu empregador no FGTS.

Art. 7º Caberá ao Conselho Deliberativo do Fundo de Amparo ao Trabalhador — CODEFAT, mediante resolução, estabelecer as medidas operacionais que se fizerem necessárias à concessão do benefício do seguro-desemprego.

Art. 8º Este Decreto entra em vigor na data de sua publicação.

Brasília, 10 de fevereiro de 2000; 179º da Independência e 112º da República.

FERNANDO HENRIQUE CARDOSO

Francisco Dornelles

LEI COMPLEMENTAR N.103, DE 14 DE JULHO DE 2000
(Publicada no DOU de 17.7.2000)

Autoriza os Estados e o Distrito Federal a instituir o piso salarial a que se refere o inciso V do art. 7º da Constituição Federal, por aplicação do disposto no parágrafo único do seu art. 22.

O PRESIDENTE DA REPÚBLICA Faço saber que o Congresso Nacional decreta e eu sanciono a seguinte Lei Complementar:

Art. 1º Os Estados e o Distrito Federal ficam autorizados a instituir, mediante lei de iniciativa do Poder Executivo, o piso salarial de que trata o inciso V do art. 7º da Constituição Federal para os empregados que não tenham piso salarial definido em lei federal, convenção ou acordo coletivo de trabalho.

§ 1º A autorização de que trata este artigo não poderá ser exercida:

I — no segundo semestre do ano em que se verificar eleição para os cargos de Governador dos Estados e do Distrito Federal e de Deputados Estaduais e Distritais;

II — em relação à remuneração de servidores públicos municipais.

§ 2º O piso salarial a que se refere o *caput* poderá ser estendido aos empregados domésticos.

Art. 2º Esta Lei Complementar entra em vigor na data de sua publicação.

Brasília, 14 de julho de 2000; 179º da Independência e 112º da República.

FERNANDO HENRIQUE CARDOSO

Pedro Malan

Francisco Dornelles

Waldeck Ornelas

Martus Tavares

LEI N.10.208, DE 23 DE MARÇO DE 2001
(Publicada no DOU de 24.03.2001 — Ed. Extra)

Acresce dispositivos à Lei n. 5.859, de 11 de dezembro de 1972, que dispõe sobre a profissão de empregado doméstico, para facultar o acesso ao Fundo de Garantia do Tempo de Serviço — FGTS e ao seguro-desemprego.

Faço saber que o PRESIDENTE DA REPÚBLICA adotou a Medida Provisória n.2.104-16, de 2001, que o Congresso Nacional aprovou, e eu, Jader Barbalho, Presidente, para os efeitos do disposto no parágrafo único do art. 62 da Constituição Federal, promulgo a seguinte Lei:

Art. 1º A Lei n.5.859, de 11 de dezembro de 1972, fica acrescida dos seguintes artigos:

"Art. 3º-A. É facultada a inclusão do empregado doméstico no Fundo de Garantia do Tempo de Serviço — FGTS, de que trata a Lei n. 8.036, de 11 de maio de 1990, mediante requerimento do empregador, na forma do regulamento." (NR)

"Art. 6º-A. O empregado doméstico que for dispensado sem justa causa fará jus ao benefício do seguro-desemprego, de que trata a Lei n. 7.998, de 11 de janeiro de 1990, no valor de um salário mínimo, por um período máximo de três meses, de forma contínua ou alternada.

§ 1º O benefício será concedido ao empregado inscrito no FGTS que tiver trabalhado como doméstico por um período mínimo de quinze meses nos últimos vinte e quatro meses contados da dispensa sem justa causa.

§ 2º Considera-se justa causa para os efeitos desta Lei as hipóteses previstas no art. 482, com exceção das alíneas "c" e "g" e do seu parágrafo único, da Consolidação das Leis do Trabalho." (NR)

"Art. 6º-B. Para se habilitar ao benefício, o trabalhador deverá apresentar ao órgão competente do Ministério do Trabalho e Emprego:

I — Carteira de Trabalho e Previdência Social, na qual deverão constar a anotação do contrato de trabalho doméstico e a data da dispensa, de modo a comprovar o vínculo empregatício, como empregado doméstico, durante pelo menos quinze meses nos últimos vinte e quatro meses;

II — termo de rescisão do contrato de trabalho atestando a dispensa sem justa causa;

III — comprovantes do recolhimento da contribuição previdenciária e do FGTS, durante o período referido no inciso I, na condição de empregado doméstico;

IV — declaração de que não está em gozo de nenhum benefício de prestação continuada da Previdência Social, exceto auxílio-acidente e pensão por morte; e

V — declaração de que não possui renda própria de qualquer natureza suficiente à sua manutenção e de sua família." (NR)

"Art. 6º-C. O seguro-desemprego deverá ser requerido de sete a noventa dias contados da data da dispensa." (NR)

"Art. 6º-D. Novo seguro-desemprego só poderá ser requerido a cada período de dezesseis meses decorridos da dispensa que originou o benefício anterior." (NR)

Art. 2º As despesas decorrentes do pagamento do seguro-desemprego previsto nesta Lei serão atendidas à conta dos recursos do Fundo de Amparo ao Trabalhador — FAT.

Art. 3º O Poder Executivo regulamentará o disposto nesta Lei Provisória até 14 de fevereiro de 2000.

Art. 4º Ficam convalidados os atos praticados com base na Medida Provisória nº 2.104-15, de 26 de janeiro de 2001.

Art. 5º Esta Lei entra em vigor na data de sua publicação.

Congresso Nacional, em 23 de março de 2001; 180º da Independência e 113º da República.

Senador JADER BARBALHO

Presidente do Congresso Nacional

LEI N.11.324, DE 19 DE JULHO DE 2006.
(Publicado no DOU de 20.7.2006)

Altera dispositivos das Leis ns. 9.250, de 26 de dezembro de 1995, 8.212, de 24 de julho de 1991, 8.213, de 24 de julho de 1991, e 5.859, de 11 de dezembro de 1972; e revoga dispositivo da Lei n. 605, de 5 de janeiro de 1949.

O PRESIDENTE DA REPÚBLICA Faço saber que o Congresso Nacional decreta e eu sanciono a seguinte Lei:

Art. 1º O art. 12 da *Lei n. 9.250*, de 26 de dezembro de 1995, passa a vigorar com a seguinte redação:

"Art. 12. ....

....

VII — até o exercício de 2012, ano-calendário de 2011, a contribuição patronal paga à Previdência Social pelo empregador doméstico incidente sobre o valor da remuneração do empregado.

....

§ 3º A dedução de que trata o inciso VII do caput deste artigo:

I — está limitada:

a) a 1 (um) empregado doméstico por declaração, inclusive no caso da declaração em conjunto;

b) ao valor recolhido no ano-calendário a que se referir a declaração;

II — aplica-se somente ao modelo completo de Declaração de Ajuste Anual;

III — não poderá exceder:

a) ao valor da contribuição patronal calculada sobre 1 (um) salário mínimo mensal, sobre o 13º (décimo terceiro) salário e sobre a remuneração adicional de férias, referidos também a 1 (um) salário mínimo;

b) ao valor do imposto apurado na forma do art. 11 desta Lei, deduzidos os valores de que tratam os incisos I a III do caput deste artigo;

IV — fica condicionada à comprovação da regularidade do empregador doméstico perante o regime geral de previdência social quando se tratar de contribuinte individual." (NR)

Art. 2º O art. 30 da Lei n. 8.212, de 24 de julho de 1991, passa a vigorar acrescido do seguinte § 6º:

"Art. 30. ....

....

§ 6º O empregador doméstico poderá recolher a contribuição do segurado empregado a seu serviço e a parcela a seu cargo relativas à competência novembro até o dia 20 de dezembro, juntamente com a contribuição referente ao 13º (décimo terceiro) salário, utilizando-se de um único documento de arrecadação." (NR)

Art. 3º (VETADO)

Art. 4º A *Lei n.5.859*, de 11 de dezembro de 1972, que dispõe sobre a profissão de empregado doméstico, passa a vigorar com a seguinte redação:

"Art. 2º-A. É vedado ao empregador doméstico efetuar descontos no salário do empregado por fornecimento de alimentação, vestuário, higiene ou moradia.

§ 1º Poderão ser descontadas as despesas com moradia de que trata o caput deste artigo quando essa se referir a local diverso da residência em que ocorrer a prestação de serviço, e desde que essa possibilidade tenha sido expressamente acordada entre as partes.

§ 2º As despesas referidas no caput deste artigo não têm natureza salarial nem se incorporam à remuneração para quaisquer efeitos."

"Art. 3º O empregado doméstico terá direito a férias anuais remuneradas de 30 (trinta) dias com, pelo menos, 1/3 (um terço) a mais que o salário normal, após cada período de 12 (doze) meses de trabalho, prestado à mesma pessoa ou família." (NR)

"Art. 3º-A. (VETADO)"

"Art. 4º-A. É vedada a dispensa arbitrária ou sem justa causa da empregada doméstica gestante desde a confirmação da gravidez até 5 (cinco) meses após o parto."

Art. 5º O disposto no art. 3º da Lei n. 5.859, de 11 de dezembro de 1972, com a redação dada por esta Lei, aplica-se aos períodos aquisitivos iniciados após a data de publicação desta Lei.

"Art. 6º-A. (VETADO)"

"Art. 6º-B. (VETADO)"

Art. 6º (VETADO)

Art. 7º (VETADO)

Art. 8º Esta Lei entra em vigor na data de sua publicação, produzindo efeitos em relação às contribuições patronais pagas a partir do mês de janeiro de 2006.

Art. 9º Fica revogada a *alínea a* do art. 5º da Lei n.605, de 5 de janeiro de 1949.

Brasília, 19 de julho de 2006; 185º da Independência e 118º da República.

LUIZ INÁCIO LULA DA SILVA

Guido Mantega

Luiz Marinho

Nelson Machado